山西全方位推动高质量发展面对面
通俗理论读物系列丛书

区域新局
改革新举

中共山西省委宣传部 编

山西出版传媒集团　山西人民出版社

图书在版编目（CIP）数据

区域新局　改革新举/中共山西省委宣传部编.
—太原：山西人民出版社，2022.8
（山西全方位推动高质量发展面对面通俗理论读物系列丛书）

ISBN 978-7-203-12335-4

Ⅰ.①区… Ⅱ.①中… Ⅲ.①经济改革—研究—山西 Ⅳ.①F127.25

中国版本图书馆CIP数据核字（2022）第122007号

区域新局　改革新举

编　　者：中共山西省委宣传部
责任编辑：赵晓丽
复　　审：吕绘元
终　　审：武　静
装帧设计：张镤尹
出 版 者：山西出版传媒集团·山西人民出版社
地　　址：太原市建设南路21号
邮　　编：030012
发行营销：0351—4922220　4955996　4956039　4922127（传真）
天猫官网：https://sxrmcbs.tmall.com　电话：0351—4922159
E-mail：sxskcb@163.com　发行部
　　　　sxskcb@126.com　总编室
网　　址：www.sxskcb.com
经 销 者：山西出版传媒集团·山西人民出版社
承 印 厂：山西出版传媒集团·山西人民印刷有限责任公司
开　　本：720mm×1020mm　1/16
印　　张：12
字　　数：150千字
版　　次：2022年8月　第1版
印　　次：2022年8月　第1次印刷
书　　号：ISBN 978-7-203-12335-4
定　　价：54.00元

如有印装质量问题请与本社联系调换

山西全方位推动高质量发展面对面通俗理论读物系列丛书编委会

主　　　任　吴　伟

常务副主任　宋　伟

副　主　任　张　羽　夏　祯　骞　进

　　　　　　万　勇　郭晓东　张三忠

委　　　员　郭玉福　贾新田　刘晓哲

　　　　　　赵新中

序 言

今年春节前夕，习近平总书记五年来第三次亲临山西考察指导，带来了党中央对老区人民的深切关怀，体现了党中央对山西工作的坚定支持。特别是习近平总书记勉励我们"在高质量发展上不断取得新突破"，"续写山西践行新时代中国特色社会主义新篇章"，更加坚定了我们全方位推动高质量发展的信心和决心。

去年召开的中国共产党山西省第十二次代表大会，是在我们实现全面建成小康社会第一个百年奋斗目标，向着全面建成社会主义现代化强国第二个百年奋斗目标迈进的关键时刻，召开的一次十分重要的会议。大会最重要的成果，就是学习贯彻习近平总书记关于"三新一高"的重要论述，鲜明提出了"全方位推动高质量发展"的目标要求，实现了省委工作思路的继承发展和创新提升。

省第十二次党代会以来，全省上下坚持以习近平新时代中国特色社会主义思想为指导，按照全方位推动高质量发展的目标要求，加快构筑"六个领域""三个体系"全面贯通、深度协同的工作矩阵，解放思想、实事求是、真抓实干、久久为功，开创了山西工作新的局面。我们统筹抓好经济社会发展和疫情防控，落实"六稳""六保"

政策，狠抓"三个一批"活动，2021年GDP总量跨过2万亿大关，增速排全国第三，2022年上半年增速上升为全国第二。2022年上半年，原煤产量达到6.4亿吨，占全国的29.2%，排在全国第一位，在能源保供中彰显了山西担当。我们协同推进产业转型"两个方面"，煤炭、电力、钢铁、焦化、建材等传统优势产业加快改造提升，高端装备制造、新材料、大数据、节能环保等战略性新兴产业不断发展壮大。我们积极构建"一群两区三圈"城乡区域发展新布局，太忻一体化经济区建设强势起步，与转型综改示范区形成"双引擎"。我们坚定不移深化改革开放创新，"承诺制+标准地+全代办"等改革扎实推进，营商环境不断优化，10个项目荣获国家科学技术奖，内陆地区对外开放新高地加快构筑。我们充分挖掘历史文化资源，推动中华优秀传统文化创造性转化、创新性发展，以更高站位和更大力度加强文物保护，文化强省建设步伐不断加快。我们全力保障和改善民生，有效应对汾河流域最强秋汛，扎实做好巩固拓展脱贫攻坚成果同乡村振兴有效衔接各项工作，突出抓好农民工务工就业等重点民生工作，进一步增强了全省人民的获得感幸福感安全感。我们坚持山水林田湖草沙系统治理，PM2.5浓度持续下降，汾河流域国考断面提升至Ⅳ类以上，美丽山西正在全新呈现。我们坚持严的主基调不动摇，坚定扛起管党治党主体责任，巩固拓展党史学习教育成果，开展抓党建促基层治理能力提升专项行动，一体推进"三不腐"同时发力、同向发力、综合发力，全面建设清廉山西，推动政治生态迈向持久的风清气正。

今天的三晋大地,全方位推动高质量发展已经蔚然成势,成为山西最鲜明的主题、最激扬的旋律。实践充分证明,省委关于全方位推动高质量发展的决策部署是完全正确的、是富有成效的。

为了全面展示我省全方位推动高质量发展取得的明显成效,深入阐释党中央及省委的决策部署,更好激励全省上下奋进新征程、建功新时代,根据省委安排,省委宣传部牵头编撰了《山西全方位推动高质量发展面对面》通俗理论读物系列丛书。这套丛书包括《提质进位 再谱新篇》《产业升级 转型发展》《区域新局 改革新举》《双碳引领 绿色发展》《民生所系 实事实办》和《地市竞秀 百舸争流》等6册,涵盖了全省经济、政治、文化、社会、生态、党建等各个领域各个方面,既反映中央大政方针,又解读省委重大部署,还关注基层生动实践;既深刻阐释新出台的政策制度,又深度挖掘各地涌现出的典型案例,还深入回答群众关心关注的热点问题。丛书图文并茂、深入浅出、通俗易懂,具有很强的理论性、知识性、政策性和实践性,是我省基层干部学习掌握最新政策的工具书,是专家学者研究阐释山西实践的资料库,是广大群众关注感受发展成就的展示窗,是对外讲深讲实山西故事的金名片,也是纪录省委团结带领山西人民全方位推动高质量发展的档案簿。要运用好这套丛书,进一步激励全省党员干部群众踔厉奋发、笃行不怠,不断绘就全方位推动高质量发展的新画卷。

当前，全方位推动高质量发展风帆正劲。全省上下要深入学习贯彻习近平总书记考察调研山西重要指示精神，深刻认识"两个确立"的决定性意义，增强"四个意识"、坚定"四个自信"、做到"两个维护"，以"时时放心不下"的责任感，统筹抓好防疫情、稳经济、保安全三大任务，不断开创全方位推动高质量发展新局面，以实际行动迎接党的二十大胜利召开，续写山西践行新时代中国特色社会主义新篇章！

是为序。

中共山西省委书记 林武

2022年7月

CONTENTS 目录

第一章 区域蓝图新画卷

——如何优化区域发展布局，集聚高质量发展新动能？ … 001

一、高质量谋划建设山西中部城市群 …… 003

二、强势打造太忻一体化经济区北引擎 …… 015

三、持续强化山西转型综改示范区南引擎 …… 023

四、全力打造晋北、晋南、晋东南高质量城镇圈 …… 029

第二章 扬帆出海新航程

——如何加快融通开放步伐，拓展高质量发展新空间？ … 039

一、积极主动实施中部地区高质量发展战略 …… 041

二、全力实施黄河流域生态保护和高质量发展战略 …… 048

三、加速构建区域融合发展新模式 …… 053

四、持续深化国际交流与合作 …… 060

五、全力推进重点任务实施 …… 066

第三章　勇立潮头新气象

　　——如何打造开发区建设升级版，决胜高质量发展新战场？·········073

　　一、保持增速，优化结构 ················· 075

　　二、做实项目，壮大主体 ················· 080

　　三、深化改革，创优环境 ················· 088

　　四、健全制度，强化考核 ················· 093

第四章　千帆竞渡新活力

　　——如何狠抓市场主体和重大项目，构建高质量发展

　　新支撑？·· 099

　　一、实施主体倍增工程 ··················· 101

　　二、聚焦民营经济发展 ··················· 110

　　三、推进重大项目建设 ··················· 120

第五章　改革奋进新篇章
　　——如何用好先行先试这个制胜法宝，释放高质量发展新红利？ ……………………………………………………… 129
　　一、深化国资国企改革 ……………………………………… 131
　　二、深化财税金融改革 ……………………………………… 139
　　三、深化体制机制改革 ……………………………………… 146

第六章　打造投资新沃土
　　——如何全面创优营商环境，激发高质量发展新活力？ … 153
　　一、把握"三无""三可"要求，打造营商环境品牌 ………… 155
　　二、贯穿"六个聚焦"，提升营商环境效能 ………………… 159
　　三、建设"六个制度体系"，筑牢营商环境根基 …………… 167

后　记 …………………………………………………………… 179

第一章

区域蓝图新画卷

——如何优化区域发展布局，集聚高质量发展新动能？

区域新局　改革新举

东出太行天地新，西瞰吕梁万物春。2022年1月，雄忻高铁部分工程标段开始招标，喜讯传来，三晋大地呈现一派欢腾。雄忻高铁东起雄安新区雄安站，西至大西铁路忻州西站，设计时速350公里，全长342.661公里，山西境内全长114.867公里。雄忻高铁地跨太行山，将北京、河北、山西三地有机串联，辐射带动西北、西南地区，影响深远。它是推进山西中部城市群建设的重要支点，是融入京津冀、服务雄安新区协同发展的重要支撑，是造福于三晋人民的致富路、幸福路、希望路。

习近平总书记指出，我国经济发展的空间结构正在发生深刻变化，中心城市和城市群正在成为承载发展要素的主要空间形式。我们必须适应新形势，谋划区域协调发展新思路。

不谋全局者，不足谋一域。山西准确识变、科学应变、主动求变，在优化区域发展布局上下功夫。着力构建"一群两区三圈"城乡区域发展布局，积极推动山西中部城市群一体化发展，全力打造太忻一体化经济区和山西转型综改示范区"双引擎"，持续加强晋北、晋南、晋东南城镇圈与中部城市群的协同联动，进一步拓展高质量发展新空间、集聚高质量发展新动能。

第一章 区域蓝图新画卷

一、高质量谋划建设山西中部城市群

山西中部城市群发展，承载着以习近平同志为核心的党中央对山西发展的关心关怀和殷切期望，是山西进入国家"十四五"规划纲要的重大任务，是山西省第十二次党代会作出的重要战略部署。

2021年3月，国家"十四五"规划纲要明确提出要培育发展山西中部城市群；2021年7月，《中共中央 国务院关于新时代推动中部地区高质量发展的意见》发布，七次提到山西、六次提到太原，进一步明确支持山西中部城市群建设。山西中部城市群发展进入国家规划，是山西在中部地区争先崛起、在全国版图彰显地位的重大机遇。

顶层设计抓机遇

2022年2月，山西省委十二届三次全会审议通过了《关于推动山西中部城市群高质量发展的指导意见》，

·知识链接·

山西中部城市群高质量发展目标：

2025年，山西中部城市群高质量发展取得实质性进展，区域竞争实力、辐射带动能力、经济人口承载力显著增强。

2030年，山西中部城市群成为我国中西部地区有较强竞争力的城市群，在国家区域发展重大战略中地位显著提高。

2035年，山西中部城市群一体化发展格局全面形成，基本实现社会主义现代化，支撑全省全方位高质量发展的龙头带动能力明显增强，在全国版图中的重要地位全面彰显。

区域新局　改革新举

山西"一群两区三圈"城乡区域发展新布局

要求紧紧抓住构建新发展格局的重大机遇，按照全方位推动高质量发展的目标要求，统筹太原、晋中、忻州、吕梁、阳泉五市比较优势，谋划山西中部城市群高质量发展，以"高"为标、以"先"取胜，在当好先锋、奋力先行中引领山西发展，在力争先发、抢抓先机中服务国家大局。要瞄准多维度发展目标和多跨度区域定位，全力推进领先发展，牵引全省城乡区域发展新布局；全力推进争先崛起，建设中部地区高能级增长极；全力推进率先布局，融入雄安新区建设和京津冀协同发展；全力推进创先转型，实现城市群自身高质量发展。

围绕共建以先进制造业为支撑的现代产业体系，打造先进制造业高地，构建现代能源产业体系，加快服务业提质转型，强化数字经济赋能，促进农业"特""优"发展，构筑全域生态文化旅游圈。

围绕推动山西中部城市群一体化发展，深化要素市场化配置改革，增强科技协同创新能力，适度超前进行基础设施建设，健全生态环境同保联治机制，完善公共服务共建共享体系。

研究制定总体发展规划和支持城市群发展的具体措施，建立健全城市群一体化发展机制，建立完善要素支撑配套政策和综合改革措施，吸引社会资本参与，坚持清单化管理和一体化导向的考核评价,确保城市群高质量发展各项任务落到实处。2022年5月13日,山西中部城市群建设领导小组第一次全体会议召开,通过山西中部城市群建设领导小组工作规则、领导小组办公室工作规则、推动山西中部城市群高质量发展市际联席会议制度;通过山西中部城市群交通基础设施互联互通专项规划、山西中部城市群要素市场化配置综合改革试点实施方案(2022—2025年)。

2022年春,山西省人大常委会办公厅举行新闻发布会,对省十三届人大常委会第三十四次会议审议通过的《山西省人民代表大会常务委员会关于支持和保障山西中部城市群高质量发展的决定》进行发布。这是全国第一部省级人大常委会对省内城市群发展作出的重大事项决定。

· 政策学习 ·

《关于支持和保障山西中部城市群高质量发展的决定》

《关于支持和保障山西中部城市群高质量发展的决定》由省人大财经委起草,共十三条,自公布之日起施行,包含三部分内容:

第一部分是推动山西中部城市群高质量发展的总体要求,强调了城市群发展的重要性,提出了推动城市群发展的总体思路、重点任务、工作原则和主要目标,明确了省政府及其有关部门和五市政府的主要职责。

第一章 区域蓝图新画卷

> 第二部分是推动山西中部城市群高质量发展的重要工作,针对城市群建设中产业布局、协商合作、统一市场、协同创新、民企参与这五个需要高度重视、切实抓好的关键环节,提出了明确的要求。
>
> 第三部分是加强法治保障、全社会参与方面的内容,提出人大要通过立法和监督工作支持城市群发展,要积极发挥人大代表的作用,法院、检察院要为城市群发展提供司法保障,同时强调要加大宣传力度,营造良好舆论环境,推动全社会共同关心、支持和主动参与山西中部城市群高质量发展。
>
> 《决定》的出台,有利于巩固完善山西中部城市群发展的决策、协调和执行机制,有利于以法治方式保障五市优势互补、工作协同、政策联动、市场统一、资源共享,有利于动员社会各方面共同支持和参与山西中部城市群建设。

交通枢纽当先锋

交通是经济的脉络和文明的纽带。构建山西中部城市群一体化发展新格局,交通是基础。山西在组织编制完成《山西省"十四五"现代综合交通运输体系发展规划》基础上,启动了《山西中部城市群综合立体交通网规划》和太忻经济区交通运输高质量发展行动方案编制工作,为交通强省建设、山西中部城市群发展当好开路先锋。

"十四五"期间,山西在交通运输领域将重点实施畅通公路工程、旅游公路工程、平安公路工程、智慧公路工程、绿色公路工程五大工程,推动国省道网高质量发展。加快构建山西中部城市群综合交通枢纽集群,抓

区域新局　改革新举

住雄忻高铁建设历史机遇,同步规划建设与雄忻高铁有效接驳的客货运枢纽,建设太忻陆港型(生产服务型)国家物流枢纽,增强太忻一体化经济区辐射带动能力。到2025年,形成太原连接雄安新区并辐射省内设区市2小时城际交通圈,基本形成"123快货物流圈"。

2021年山西利用太中银铁路开行动车组列车,历史性地实现了市市通动车。"十四五"时期,还将持续发力推动"八纵八横"高铁通道山西段建设,建成集大原

静兴高速公路是山西"四纵十五横三十三联"高速公路网的重要组成部分,东起静乐丰润汾河东岸,西至黄河西岸的陕西神木市盘塘镇,全长96.6公里。

第一章　区域蓝图新画卷

高铁，建设雄忻高铁、太绥高铁、太原铁路枢纽客运通道能力提升工程等，不断扩大高速铁路覆盖范围，形成以太原为中心的放射型高铁网。同时，山西将加快完善区际普速铁路网，推进太焦、邯长等干线铁路省内繁忙段扩能改造和复线建设，提升阳涉、京原等铁路电气化率，完善铁路运煤通道建设，强化重载货运网。预计到"十四五"末"十五五"初，省域内国家高速铁路网基本建成，实现市市通高铁，普速铁路网进一步完善，太原国家综合交通枢纽地位全面提升。

一体发展新格局

构建山西中部城市群一体化发展新格局。做大做强中心区域，率先打造太原榆次太谷城市核，举全省之力把太原建设成为国家区域中心城市，提升太原作为城市群龙头的集聚效应和扩散效应，支持晋中建设全方位推动高质量发展先行区。着力打造南北引擎，强势打造太忻一体化经济区北引擎，引领带动忻州与太原、雄安新区相向发展，打造山西融入京津冀和服务雄安新区的重要走廊；持续强化山西转型综改示范区南引擎，打造战略性新兴产业和现代服务业发展高地。大力培育东西两翼，把阳泉打造成为石太经济走廊重要枢纽、全省融入

区域新局　改革新举

京津冀协同发展重要节点,把吕梁打造成为山西中部城市群发展的生态安全屏障和重要战略支点。全面推动与"三圈"协同发展,支持晋北、晋南、晋东南城镇圈及圈内各市自主发展、错位发展,主动服务和融入山西中部城市群高质量发展。加快推动与国家战略融合发展,抢抓新发展格局带来的重塑性机遇,畅通开放通道,在更大范围、更宽领域、更深层次走出去引进来。

加快建设国家区域中心城市,不断提升太原作为城市群龙头的集聚扩散效应。着力提升省会城市首位度,以基础设施为先导、以产业园区为载体、以大盂启动区为突破,高起点建设太忻一体化经济区。强化山西中部城市群发展支撑,强力支持山西转型综改示范区发展,

太原市

第一章 区域蓝图新画卷

充分发挥在全省和太原发展中的示范引领作用。加快推动太原晋中一体化发展，在规划衔接、产业布局、基础设施、生态治理、公共服务和要素配置等6个方面一体推进，合力打造太原榆次太谷城市核，形成辐射中部城市群、引领全省的活跃增长极和强劲动力源。加强与阳泉、吕梁的协同联动，拓展东西双向发展通道。

发挥优势，协同共进，展现山西中部城市群高质量发展的晋中作为。 找准晋中在山西中部城市群高质量发展中的目标定位，充分发挥山西大学城、晋中国家农高区（山西农谷）、山西农业大学（农科院）的优势，打造山西智创谷、太原榆次太谷城市核，建设全方位推动高质量发展先行区。顺应山西中部城市群发展大势，推

晋中市

区域新局 改革新举

动榆次太谷"两区"与太原协同联动，助力太原提高在全省的首位度、在全国的影响力，在主动服从服务大局中实现晋中先行崛起。

加快南融东进，推动忻州与太原和雄安新区相向发展，建设开放发展前沿城。东进对接雄安新区、连通京津冀，吸引人流、物流、信息流，承接产业转移；向南主动紧密对接太原，主动对标太原标准、太原质量、太原速度，做好跟进、服务、承接、融合等工作，同步考虑功能定位、产业布局等方面，同时在南融、东进中彰显忻州的特色和优势，大力建设太忻经济区。

忻州市

第一章 区域蓝图新画卷

发挥区位优势，推动阳泉打造向东开放的前沿阵地。阳泉作为山西融入京津冀协同发展的门户城市，充分发挥地缘优势、资源优势和功能互补优势，在全省率先建立跨省域协同发展示范区，打造交通、物流、生产配套、农产品供应、高技术人才交流服务、文旅康养等"六大节点"，主动融入京津冀和山西中部城市群。在省内拓展开放合作空间方面，加强与忻州、太原的联动，积极融入太忻一体化经济区建设，发挥好联通太忻一体化经济区与京津冀协同发展战略的桥梁作用，全力打造山西中部城市群东翼。

阳泉市

区域新局　改革新举

　　统筹均衡发展，推进吕梁构建生态安全屏障和重要战略支点。以建设山西中部城市群高质量发展先行区为目标，实施"一城两核"战略，坚定扛起打造山西中部城市群坚强西翼的光荣使命，统筹山区与平川、经济建设与生态环保均衡发展，同城化推进离柳中方城镇组群建设，打造现代化市域中心城市；一体化推进交汾文孝城镇组群发展，建设太原城市核产业互补地、生态后花园、服务保障区，打造"双核"引擎，构建中部城市群发展的生态屏障和重要战略支点，使吕梁在全省版图中的重要地位全面彰显。

吕梁市

第一章 区域蓝图新画卷

二、强势打造太忻一体化经济区北引擎

山西省第十二次党代会上，首次正式提出建设太忻一体化经济区，以优化区域发展布局，集聚高质量发展新动能，加快打造山西中部城市群发展北引擎。建设太忻一体化经济区，是山西构建"一群两区三圈"城乡区域发展布局、深度融入京津冀协同发展、打造经济增长新引擎的重大举措。

《山西中部城市群太忻一体化经济区空间发展战略规划》明确了太忻一体化经济区范围：涉及太原市尖草坪区、杏花岭区、迎泽

 · 特别关注 ·

太忻一体化经济区"一廊三地一区"战略定位

融入京津冀和服务雄安新区重要走廊。抓住雄忻高铁建设历史机遇，同步规划建设与雄忻高铁有效接驳的客货运枢纽，建设承接京津冀产业转移集聚区，大幅提升与京津冀、雄安新区的通达能力。

中部城市群发展隆起地。推动忻州与太原全方位协同发展，主动融入以山西中部城市群为主体的经济分工格局，打造与山西转型综改示范区错位发展的高能级增长极。

全省先进制造业集聚地。以中北高新区、忻州经济开发区等升级扩容为抓手，共同构建新材料、高端装备制造、半导体、节能环保等高技术产业全产业链和集聚区，推动太忻经济一体化发展动能整体跃升。

世界级旅游康养目的地。依托五台山、云中河等重点景区及森林、温泉、中医药等康养资源，充分发挥太原省会城市集散功能，共同提升"吃住行游购娱"品质，打造具有世界影响力的文化景观生态走廊。

生态文明建设示范区。统筹推进产业生态化和生态产业化融合发展，实施山水林田湖草沙系统治理和生态空间一体化保护修复，建立健全生态文明体制机制，强化国土空间规划和用途管控，涵养和保护好华北水塔，筑牢京津冀重要绿色生态屏障。

区域新局 改革新举

 · 特别关注 ·

太忻一体化经济区
"一核双轴多组团"空间布局

一核：以太原省会城市为核心，引领带动忻州与太原、雄安新区相向发展，提升基础设施和产城融合水平，建设开放发展前沿城市。

双轴：以雄忻高铁、108国道沿线为双主轴，辐射青银高速等交通干线，串联太原至忻州主要城镇及产业密集区，联动周边城镇发展。

多组团：依托市政交通、产业结构及人文联系，按照核心引领、以点带面、拓展支撑的思路，打造形成繁峙—代县—五台、忻府—定襄—原平、尖草坪—阳曲—古交、杏花岭—迎泽—万柏林等4个城镇组团。繁峙—代县—五台组团依托五台山风景名胜区，重点发展生态文化旅游、现代农业；充分发挥繁峙、代县铁矿石等战略性矿产资源优势，重点发展特种金属新材料产业。忻府—定襄—原平组团依托忻州经济开发区、原平经济技术开发区，重点发展半导体新材料、装备制造、文旅康养、现代农业。尖草坪—阳曲—古交组团依托中北高新区、阳曲产业园区等，重点发展生物基新材料、新一代信息技术、现代农业、清洁能源、现代物流产业。杏花岭—迎泽—万柏林组团发挥太原市建成区基础优势，重点发展总部经济、高端商务、现代金融、数字经济、高端装备制造产业。

区、万柏林区、古交市、阳曲县6县（市、区），忻州市忻府区、定襄县、原平市、繁峙县、代县、五台县6县（市、区），共12县（市、区）的部分区域；涉及县（市、区）国土面积共计1.68万平方公里。

政策支持锚定新方向

2022年3月14日，为期一个月的"忻州杂粮走进雄安"展销活动收官，忻州市100多家农业企业携当地10个大类300余种特色农产品，摆开了一场杂粮"盛宴"。本次展销活动销售总额达1653万元，合同金额超2亿元。

忻州杂粮能够俏销雄安新区，搭乘的正是雄忻高铁和太忻一体化经济区建设的东风。

充分发挥省市两级领导机制作用。2021年12月29日，山西省太忻经济一体化发展促进中心及分支机构揭牌。省太忻经济一体化发展领导小组牵头抓总，省太忻经济一体化发展促进中心创造性推进工作落实，太原和忻州担当好建设的主体责任，省直各部门在规划编制、重大政策制定、重大项目安排等方面予以大力支持。各方面力量都统筹联动，形成全省上下同心协力、共建太忻一体化经济区的良好局面。

谋划构建"1+3+N"的政策支撑体系。"1"是指省委、省政府印发的《关于推进山西中部城市群太忻经济一体化发展的指导意见》，是整体推进工作的基本遵循；"3"是指"三级三类"规划体系，即覆盖省、

· 特别关注 ·

太忻一体化经济区目标定位

到2025年，区域创新力竞争力带动力大幅提高，地区生产总值占全省比重达到25%左右。现代产业集群和科创共同体集聚成势，制造业增加值占规上工业增加值比重达到65%左右。人口集聚度和城市辐射力明显增长，常住人口城镇化率达到85%左右，开放型经济规模和质量显著提升，生态环境质量明显改善，居民人均可支配收入增速明显超过全省平均水平，在全省域协同发展大格局中的位势和影响力实现跃升。

到2035年，经济集聚度、区域融合度和政策协同度显著提升，现代化经济体系基本建成，地区生产总值占全省比重稳步提升。区域首位度显著提升，一体化发展体制机制高效畅通，整体达到全省领先水平，成为全省最具影响力和带动力的强劲活跃增长极。

市、县三级,分为发展规划、空间规划、专项规划三大类规划;"N"是指各项配套的政策措施,包括重要资源保护清单和承接京津冀产业转移、新材料、综合交通、公共服务、生态环境、科技创新6个分领域实施方案。坚持改革创新、立破并举,初步构建了统一的层次清晰、结构合理、科学管用的政策支撑体系。

聚合形成"三个一批"的政策供给清单。按照谋划储备一批、制定出台一批、落地实施一批的思路,建立"三个一批"政策供给清单,滚动推进、动态更新。目前,省级层面已经出台了太忻一体化经济区空间战略规划、生态环境政策措施30条、旅游康养重大行动方案等。同时,抓紧制定支持太忻经济一体化发展若干政策措施,抓紧编制太忻一体化经济区高质量发展规划、国土空间专项规划等。坚持首创与拿来并举,尊重发展规律,积极学习借鉴京津冀、长三角、长株潭等区域一体化发展的经验做法,建立政策储备库。

探索建立"同编共议"的政策创设机制。加强政策集成创新,密切跟踪近期国家和省实施的重大举措,主动对接,深入研究,把最新政策、最新部署,转化为太忻一体化经济区能落地、能配套的政策措施。建立政策制定协同机制,确保各级各类政策同步研究、同步起草，提高政策制定的统一性、规则一致性和执行协同性。指导太原、忻州两市与省级政策有效衔接，互为支撑，彰显"一体化"，形成"一盘棋"。坚持开门问策、科学决策，广泛听取人大代表、政协委员、专家学者的意见建议，发挥科研机构、智库等辅助支持作用，提高政策制定的透明度、社会参与度。

创新引擎激发新动能

2022年以来，为构建太忻科技创新共同体，围绕新材料、高端装备制造等7个产业领域，太原向太原理工大学、山西大学等9所高校、科研机构征集了上百项科技成果；忻州签约高校科技成果转化基地36个、高校科研平台延伸基地9个。下一步，太原、忻州两市将从中优选出一批科技成果，在太忻一体化经济区实现落地转化。

太原围绕太忻一体化经济区建设，重点加强跨区域市场化协同合作，构建太忻科技创新共同体，加快建设山西中部城市群发展的北引擎及国家可持续发展议程创新示范区太原样板区。同时，实施人才政策互认互通，建设创新人才集聚的新高地，加强可持续发展技术攻关与应用示范。依托太原中北高新区，建设阳曲科技创新成果转化承

载基地，促进太忻科技成果与知识产权交易服务平台有效对接，推动太原优秀科技成果在忻州落地。

忻州发挥资源优势、铝工业基础优势、焦化企业优势，打造太忻国家级新材料产业集群。推动装备制造企业、法兰锻造企业与太原优势产能互补，加快建设新松机器人智能装备制造产业，打造高端装备制造产业集群。整体构建配套设施齐全、服务功能完善、产业链相对完整、规模效应明显的产业集聚区，打造百亿级半导体产业集群。推进风电、光伏产业规模化、基地化发展，谋划推动抽水蓄能项目，打造新型绿色能源产业集群。

融合发展激发新活力

太忻一体化经济区建设工地上一派热火朝天。2021年底强势起步以来，以产业协作配套、科技协同创新为重点，加快布局建设面向京津冀和雄安新区的产业合作先导区。太原、忻州两地聚焦重大基础设施建设，全力推动雄忻高铁、太忻大道、滹沱河供水等重大交通水利基础设施建设；聚焦新材料、高端装备等七大产业定位和"8+6"产业链条，积极引进新兴产业，抢抓项目开工，做到应开尽开、能开全开，全力跑出项目建设的

第一章 区域蓝图新画卷

2022年7月4日，以"锦绣太原、康养忻州"为主题包装打造的"太忻号"城际动车首发，太原与忻州实现动车"公交化"开行。

"太忻速度"。

在这个葳蕤蓬勃的春天，一大批具有含金量、含新量、含绿量的新兴产业陆续落地。地域相邻、山水相连、人文相通的太原、忻州两市，发挥各自比较优势，紧锣密鼓并肩出发，大步向前。2022年，太忻一体化经济区将谋划建设重大工程项目485个，总投资达5337亿元。重点发展新材料、高端装备、集成电路和半导体、新型绿色能源、专业化品质化高端化现代服务业、生态文旅康养、优质高效现代农业等7个方面的产业。

3月15日，太原与苏州中来光伏新材股份有限公司年产20万吨工业硅+10万吨高纯多晶硅项目签约活动举行。作为太忻一体化经济区2022年签约的第一个投资过百亿的大项目,该项目的落地将对太原打造绿色能源及新材料产业集群起到引领带动作用。这一项目从洽谈到签约仅用了4个月左右的时间,创造太原速度的背后,体现的是太原持续加大招商引资力度、优化营商环境的魄力。

3月28日,太忻一体化经济区2022年首批重大项目集中开工活动在太原、忻州两地同步举行。主会场设在阳曲大盂产业新城,其余11个县(市、区)设分会场。参加此次首批集中开工的重大项目共183个,总投资1038亿元,年度计划完成投资404亿元。其中,基础设施类项目71个,总投资422亿元,包括太忻大道、大盂

太忻一体化经济区大盂产业新城太原科创驱动中心设计图

产业新城基础设施等项目；产业类项目112个，总投资616亿元，包括太原科创驱动中心、哈工大机器人华北总部基地、中北高新区战略性基础材料产业园二期、山西新能汇通双碳产业园、清凉湾温泉康养小镇等项目，涵盖新能源、新材料、高端装备制造、数字经济、现代农业以及现代服务业等领域。

三、持续强化山西转型综改示范区南引擎

在转型发展上率先蹚出一条新路来，是习近平总书记为山西发展指明的金光大道，是党中央、国务院赋予山西的重大历史使命。2017年2月，山西转型综改示范区正式挂牌，由太原、晋中的8个国家级、省级产学研园区组建而成，并向南北扩展，规划面积约600平方公里，担负着为山西转型综改先行先试、探路领跑的重大任务，是山西深化转型综改的主战场。2021年，山西省第十二次党代会提出要高质量建设山西转型综改示范区，发挥其排头兵作用，持续强化山西中部城市群发展的南引擎。

区域新局　改革新举

理清发展思路，理顺运行机制

在高标准要求、高质量发展上大做文章。在高标准要求方面，就是要努力在各重点领域先行先试，实现"走在前、作示范、创一流"；在高质量发展方面，经济要迈上新台阶，产业转型要有新进展，招商引资要有新成果，创新要有新突破，体制改革要有新经验，产城融合要有新气象，政治生态要有新面貌。

持续深化体制机制改革。 坚持"一张蓝图绘到底"，扭住"理顺运行机制、提升干部素质、改进工作作风"三个关键，进一步理顺和相关省直厅局的关系，强化同太原、晋中及各县区的区域联动。深化体制机制改革，优化机构职能设置，强化流程再造和精细管理，加强投入和产出考核，完善内控机制和监管措施，优化专业园区发展模式，全方位理顺行政审批、政务服务、政策扶持、平台运营及项目推进中存在的堵点、难点，要求各部门对标一流地区、对标先进经验，推进一项改革和一项创新性政策研究，推动治理体系和治理能力现代化，争取再推出一批首创性改革，丰富先行先试的"山西样本"。

推进重塑性改革。 争取以山西转型综改示范区为主体申报设立国家级新区,建立扁平高效的管理体制和"授权直达"机制,实现放权、授权"两到位"。健全"小管委+大公司"组织结构,构建专业化、市场化、国际化招商体系。

·特别关注·

山西转型综改示范区取得新成效

经济总量全面提升。2021年以来,综改区全力以赴提存量拓增量,加大招商引资和项目推进力度,多项指标好于预期,位居全省前列。

创新生态持续改善。山西转型综改示范区坚持创新在转型发展全局中的核心地位,全面落实创新驱动、科教兴省、人才强省的战略部署,构建了全环节科技创新政策体系,集聚了一批高端创新资源,引育了一流创新人才团队,加快科技成果落地转化速度,有力支撑了千亿级产业集群和重点产业发展,通过打造一流创新生态推动创新链产业链深度融合。

体制机制改革深化。实行"三化三制"改革,实行领导班子任期制、全员岗位聘任制和绩效工资制,建设专业化、市场化、国际化的管理团队,对标自贸区先进制度成果,探索实施了上百项改革创新,42项在全省复制推广,荣获"中国最具投资价值开发区"称号。实施体制机制重塑性改革,深层次激活内生动力和活力,搭建起优质高效的招商引资服务组织架构,形成"小管委+大公司"专业化产业化招商引资服务体系,建立完善了"干部能上能下、人员能进能出、待遇能高能低"的用人机制。在深化"放管服"改革的基础上,构建起"一网通办+承诺制+标准地+一话通办+全代办+全程帮办"的全生命周期服务体系,为企业发展提供更精准、更高效服务,营造"三无""三可"营商环境。

招商引资效果明显。围绕山西产业转型,聚焦"六新"突破,推进"双碳"战略,落实"双控"方案,进一步提高招商门槛,建立了项目入区"三级预审"机制,全面规范合同管理,强化双承诺双兑现,提高项目服务质量,构建了一个平台、一个基金、一个窗口、一个规划、一个图谱"五个一"招商生态,实施了"三个亿"招商计划,抓好项目"谋划、储备、前期、开工、建设、投产"全周期管理,扎实推进"三个一批"项目建设。

发挥集聚引领作用。优化产业空间资源配置，强化产业链条、扶持重大项目、"腾笼换鸟"等措施，构建"2+9"千百亿级现代产业集群。完善园区土地开发利用机制、创业奖励制度、创新人才引入机制等，引导标志性引领性特色性产业集聚。

推广制度创新成果。复制普惠类政策清单化、培育类政策"公式"化、协议类政策"字典"化等创新成果。推广"一网通办"升级版、"不见面审批"等"互联网+"审批先进经验。拓展应用智慧政务、智慧工地、智慧应急、智慧执法、智慧环保等模块以及智创城运营服务模式。

稳定经济运行，保障经济发展

强化目标导向，全面落实好各项稳增长政策，进一步增强紧迫感、使命感、责任感，拉高标杆、自我加压，全力保障富士康等重点企业持续递增，全面拓展合成生物、光伏等产业新增量，把工作往前排、把任务朝前赶、把进度向前推，坚决把目标变为现实，完成各项指标任务。

狠抓产业转型，推进动能转换

突出"抓存量、抓增量、抓亮点"，深入开展长板招商，促进战略性新兴产业成链集群发展。2022年2月26日，在全省开发区当年第一次"三个一批"活动中，山西转型综改示范区与宇泽半导体（云南）有限公司等企业成功签约"年产20GW单晶硅棒生产线项目+年产20GW硅片生产线项目"等10个战略性新兴产业项目；落户该区的中国电科（山西）微电子装备智能制造产业基地（一期）项目开工，安可瑞（山西）生物细胞公司综合细胞库及应用基地生产线投产。

抓存量。依托已有头部企业、"链主"企业，建链补链延链强链，提升本地配套率，增强产业链稳定性和竞争力，重点借助中电科资源优势，打造百亿级碳化硅衬底材料、器件及下游应用产业园；依托山西多年积淀的市场、技术及品牌优势，打造全球领先的煤机制造基地；建设"专精特新"中小企业园，集聚一批科技型中小企业等。

抓增量。扎实谋划推进一批大项目好项目，推动项目建设提质提速提效，持续增强高质量发展后劲，重点推动合成生物产业园公共配套及凯赛核心项目尽快全面建成投产，经过两年左右产能爬坡，产值有望达到300亿元。下游重点项目总投资约500亿元，全部建成投产后产值约700亿元，全产业链有望在3—5年内形成千亿规模产业集群；依托中来32GW高效N型电池项目，配套新疆大全、浙江矽盛、青岛高测等上下游头部企业项目，打造千亿级光伏产业链。

抓亮点。推动现代服务业提质增效，加快发展数字经济不断增强高质量发展动能。在进出口、网络货运、流量经济、总部经济等已经形成集聚发展态势的基础上，进一步规范强刺激政策，对标先进地区成功经验，构建健康可持续发展模式，培育千亿级现代服务业新亮点。

· 知识链接 ·

专精特新：专，即专业化；精，即精细化；特，即特色化；新，即创新能力强。"专精特新"是指具有"专业化、精细化、特色化、新颖化"特征的企业。

小巨人：指业绩良好，极具发展潜力和培育价值处于成长初期的小企业，通过培育推动其快速健康成长，最终成为行业中或本区域的"小巨人"。

隐形冠军：指在某一细分领域处于绝对领先地位、年销售额不超过50亿美元且隐身于大众视野之外的中小企业。

单项冠军：指长期专注于某些特定细分产品市场，生产技术或工艺国际领先，单项产品市场占有率位居全球或全国前列的企业。

厚植创新生态，完善要素配套

以优化投资环境、集聚资源要素、深化产城融合、深化改革创新、完善政策供给等为重点，全面完善提升服务企业和项目的软环境和硬保障。强化生产要素保障，加快水、电、气、热及污水处理等基础设施跟进建设，全力保障重大项目"标准地"及生产要素供给。充分发挥电价优势，研究蒸汽、燃气等配套支持政策，加强金融集聚区建设，降低各类生产要素成本。持续优化创新生态，全面整合优化聚创城、科创城及山西高等创新研究院等科研、孵化创新平台及资源，进一步集聚放大创新平台资源。做好市场主体扶持，以"三项改革"为牵引，加大对重点企业项目及中小微企业的精准支持力度。全力实施市场主体倍增工程和企业上市倍增计划，培育壮大"专精特新""小巨人""隐形冠军"和"单项冠军"企业。

四、全力打造晋北、晋南、晋东南高质量城镇圈

晋北、晋南、晋东南三个城镇圈内的城市，不仅地理上相连接，而且都有着深厚的历史文化和社会渊源。雁门关外、河东大地、上党老区，乘山岳伟岸之气，披大河泱泱之势，蕴含巨大发展潜力。在山西城乡区域发展新布局里、在生产要素的新优化间、在经济发展的新方式中，各市立足区域优势积极破题，主动扛责担当，主动服务和融入山西中部城市群高质量发展大格局。

区域新局　改革新举

高质量建设晋北城镇圈，借势赋能融入区域协作

晋北城镇圈要与山西中部及京津冀、呼包鄂榆城市群内外联动，深化蒙晋冀长城金三角区域合作。大同要提升城市综合承载力和辐射带动力，建设全国性交通枢纽和陆港型国家物流枢纽，打造蒙晋冀长城金三角中心城市和对接京津冀、融入环渤海门户城市。朔州要打造右玉精神实践高地、能源革命创新高地、农牧融合发展高地，在资源型经济转型中建设现代化的塞上绿都。

同朔两市毗邻，一直以来都有广泛的合作与交流。桑干河贯穿大同与朔州，在流域治理上，双方加强生态修复、综合治理等方面的合作共同打造了晋北生态区。

大同市

第一章 区域蓝图新画卷

作为京津冀的"上游",在生态建设上,两市实现共建共享,共同打造环京津冀的生态屏障。正在推进建设的集大原高铁连接大同、朔州两市,交通基础建设的互联互通,又为两市在经济、文旅等方面的深度合作打下基础。

晋北城镇圈的建设为大同、朔州两市的发展拓展了新空间、注入了新活力、带来了新机遇。发挥各自产业和区位优势,提升能源领域合作的同时,立足晋北风光和电力优势,按照"风光水火储"和"源网荷储"两个一体化思路,整合新能源资源,规划建设绿电送京、晋电外送通道,服务国家的能源战略,保障国家能源安全。无论是雁门关生态畜牧经济区的建设,还是晋北城

朔州市

镇圈的建设，大同正立足新发展阶段，完整准确全面贯彻新发展理念，抢抓构建新发展格局战略机遇，打造对外开放新平台，主动融入和服务全省发展战略。

朔州围绕全力打造转型综改示范高地，加快构建支撑转型的现代产业体系。通过集中打造千亿级低碳硅芯产业园区，推进零碳机场、零碳高铁站、零碳园区建设，不断巩固提升传统产业，大力发展新能源、新材料、装备制造、陶瓷、医药、高新技术等产业集群。

同朔两市作为山西首批能源互联网试点城市，大数据算力、零碳电力的技术合作正开辟出"双碳经济"的新模式。两地携手打造能源革命创新高地，加快建设开放共赢的能源合作体系，发挥各自优势彰显区域特色，进而在晋北城镇圈的建设中推动经济、文化、旅游、康养等全域化融合式发展。

高质量建设晋南城镇圈，善作善为增强竞争优势

晋南城镇圈要与山西中部及关中平原城市群内外联动，深化晋陕豫黄河金三角区域合作。临汾要建设黄河流域绿色崛起转型样板城市，打造晋陕豫黄河金三角区域中心城市。运城要建设黄河流域生态保护和高质量发展示范区，打造新兴产业、现代农业、知名旅游强市。

第一章 区域蓝图新画卷

临汾市

围绕目标定位,临汾、运城两市正在深入推进晋南城镇圈建设。

临汾以"1355"战略、"双城"建设为牵引,积极打造资源型地区转型发展先导区、黄河中游绿色崛起引领区、晋陕豫协同发展示范区、黄河文化保护传承复兴样板区"四区",并以"双十路径",在黄河流域建设绿色能源发展、传统产业低碳转型、新兴产业集聚等10个示范样板,在晋陕豫黄河金三角区域打造先进制造业、商贸物流、特优农产品等10个区域中心。

运城坚持一体化、网络化、紧凑化、精致化、生态化、特色化的城市发展思路,努力建设高标准生态城市、高品位文化城市、高品质宜居城市。面对新机遇,运城要凭借独特的地理位置优势,加快融入关中平原、

区域新局 改革新举

运城市

中原城市群和晋陕豫黄河金三角协作区，大幅提升发展位势和区域影响力。

高质量建设晋东南城镇圈，立足优势争做示范标杆

晋东南城镇圈要与山西中部及中原城市群内外联动，申建国家级承接产业转移示范区。长治要建设全国资源型城市转型升级示范区，打造现代化太行山水名城。晋城要建设绿色转型示范城市、能源革命领跑城市、光机电产业集聚城市，打造通往中原城市群和对接长三角的桥头堡。

长治围绕"建设全国资源型城市转型升级示范区，打造现代化太行山水名城"这一系列重要部署，争当产业转型升级示范区排头兵。15分钟生活圈、城市群数字

第一章　区域蓝图新画卷

长治市

网络城管体系正为长治人带来更多便捷。在以全国第一的成绩入选全国系统化全域推进海绵城市建设20家示范城市后，作为老工业基地和资源型城市的长治，正通过持续开展蓝天、碧水、净土专项整治，一体推进"山水气城"综合治理，不断提升人民群众的生活质量和幸福指数。

　　立足晋东南城镇圈，晋城不断完善立体、通达的交通网络，构筑立体化开放通道，加强与山西中部城市群、中原城市群、长三角等区域的高效互联。以创新驱动塑造区域发展新优势，以深度融入中原城市群优势产业集群建设为支点，以申建"晋东南国家级承接产业转移示范区"为契机，全方位高质量承接京津冀、粤港澳和长三角产业转移。积极推动晋城制造优势和郑州等中

区域新局 改革新举

晋城市

原城市群核心城市在物流枢纽、外贸综合服务等领域的优势相衔接，在光机电、新能源装备、钢铁铸件等优势行业大力培育优势对外贸易主体，在山西率先建成内陆地区开放型经济新高地桥头堡。

推进以人为核心的新型城镇化，提高全省城镇化水平

2022年5月，中共中央办公厅、国务院办公厅印发《关于推进以县城为重要载体的城镇化建设的意见》。山西省第十二次党代会提出，要推进以人为核心的新型城镇化，不断提高全省城镇化水平。实施城市更新行动，加强城镇老旧小区改造，补齐城市防洪排涝、地下管网等基础设施短板。增强县城产业和人口承载能力，

实现与中心城市融合发展。有序推进县级行政区划调整，积极解决"一市一区""城郊矿区"问题。发展各具特色的县域经济，整体提升县域梯队，建设一批中部和全国经济强县。

2021年山西新建12座生活污水处理厂，完成排水管网雨污分流改造1838公里，城市生活污水集中收集率达到67.9%，城镇污水处理提质增效三年行动圆满收官。7个设区市建成生活垃圾焚烧厂，实现生活垃圾"全焚烧、零填埋"，6个设区市建成餐厨垃圾处理厂，实现餐厨垃圾"全处理、零填埋"。实施老旧小区改造开工1891个。新增城市绿地1356万平方米、绿道110公里、公园及小微绿地162个，城市生态环境进一步改善。

事关百姓切身利益的棚户区住房改造开工1.59万套、基本建成4.58万套，发放城镇住房保障家庭租赁补贴6.16万户。发放个人贷款347亿元，个贷率突破80%，公积金对住房消费支持力度进一步加大。在深入推进乡村建设、提升乡村宜居水平方面，2021年山西圆满完成3725户农村危房改造和1320户农房抗震改造任务，重建修缮5.75万户因灾受损农房，受灾群众全部搬入安全住房；55个镇建成生活污水处理设施，农村生活垃圾收运处置体系覆盖自然村比例达到91.3%，均超额完成年度任务。

第二章

扬帆出海新航程

——如何加快融通开放步伐,拓展高质量发展新空间?

区域新局 改革新举

春风徐来满目新，不负韶光万里程。一座座龙门吊按序吊运、一台台装载机忙碌装货，各类大型机械往来穿梭，繁忙又有序。太重高铁车轮、忻州法兰、朔州陶瓷……很多"山西制造"从这里走向世界。截至2022年6月底，中欧（亚）班列已通达"一带一路"13个沿线国家的28个城市，累计发行588列。丝路迢迢，车轮铿锵。一列列开往世界的列车，见证了山西对外开放的坚定步伐。

习近平总书记指出，开放是发展进步的必由之路。党的十八大以来，山西认真贯彻落实习近平总书记考察调研山西重要指示精神，坚定不移践行开放发展理念，加快打造内陆地区对外开放新高地，积极融入"一带一路"大商圈，培育壮大外贸主体，提升开放平台功能，加强国际友城合作，让开放的动力越来越强劲，高质量发展的空间越来越宽广。

纵横欧亚九千里，称雄商界五百年。面向未来，山西将重拾晋商荣光，以高水平开放为主题，抢抓新发展格局带来的重塑性机遇，在更大范围、更宽领域、更深层次走出去引进来，打造内陆地区对外开放新高地，提升开放型经济水平。

第二章 扬帆出海新航程

一、积极主动实施中部地区高质量发展战略

在中国东部地区率先发展和西部大开发战略实施的一段时间内，中部地区发展曾相对较慢。2006年，中国提出中部地区崛起战略以补齐区域发展短板。在此后的十余年间，中部地区驶入发展快车道。党的十八大以来，习近平总书记高度重视中部地区发展，多次到中部六省考察调研，并专门召开座谈会，为推动中部地区加快崛起把舵定向。习近平总书记在推动中部地区崛起工作座谈会上强调，中部各省要积极主动融入国家战略，推动高质量发展，不断增强中部地区综合实力和竞争力，奋力开创中部地区崛起新局面。

统计数据显示，中部地区六省以占全国10.7%的国土面积承载了全国25.8%的人口、贡献了全国22%的地区生产总值。"十三五"时期，中部地区经济年均增长达到8.6%，增速居东部、中部、西部、东北四大板块之首。然而中部地区仍面临开放度不足、制造业创新能力有待增强，以及生态绿色发展格局有待巩固等问题。

2021年，在中部地区崛起战略实施15周年之际，《中共中央 国务院关于新时代推动中部地区高质量发展的意见》出台。作为中部地区重要省份，山西这片孕

· 政策学习 ·

《中共中央 国务院关于新时代推动中部地区高质量发展的意见》中关于山西的重要内容

◎做大做强先进制造业：在大湛沿线建设太原新材料产业集群；重点促进山西煤炭产业向智能化、绿色化、服务化发展；加快推进山西国家资源型经济转型综合配套改革试验区建设和能源革命综合改革试点。

◎积极承接制造业转移：推进晋陕豫黄河金三角承接产业转移示范区建设。

◎推动先进制造业和现代服务业深度融合：加快太原国家物流枢纽建设；支持山西与现有期货交易所合作开展能源商品期现结合交易。

◎主动融入区域重大战略：支持山西深度参加黄河流域生态保护和高质量发展战略实施，共同抓好大保护，协同推进大治理。

◎促进城乡融合发展：支持山西中部城市群建设；增强太原区域中心城市辐射带动能力；促进大同等区域重点城市经济发展和人口集聚。

◎推动省际协作和交界地区协同发展：务实推进晋陕豫黄河金三角区域合作；推动太原跨汾河发展。

◎共同构筑生态安全屏障：以河道生态整治和河道外两岸造林绿化为重点，建设汾河生态廊道。

◎加快形成绿色生产生活方式：支持山西煤层气开发转化。

◎加快内陆开放通道建设：积极推动太原形成特色区域枢纽。

◎打造内陆高水平开放平台：鼓励太原建设临空经济区。

◎增加高品质公共服务供给：深入挖掘和利用地方特色、文化资源，打响三晋文化品牌。

◎实现巩固拓展脱贫攻坚成果同乡村振兴有效衔接：聚焦太行山区、吕梁山区等地区，健全防止返贫监测和帮扶机制，保持主要帮扶政策总体稳定，实施帮扶对象动态管理，防止已脱贫人口返贫。

育了华夏文明的古老土地,在主动实施中部地区高质量发展战略中,奋力开创推动山西在中部地区高质量发展中争先崛起的新局面。

构建形成"1+N"政策框架

山西省委认真学习领会《中共中央 国务院关于新时代推动中部地区高质量发展的意见》重要精神和要求,并将其与深入落实习近平总书记考察调研山西重要指示精神、完整准确全面贯彻新发展理念结合起来,提出"全方位推动高质量发展"的重要部署,强调要真正让创新成为第一动力、协调成为内生特点、绿色成为普遍形态、开放成为必由之路、共享成为根本目的,坚决完成"在转型发展上率先蹚出一条新路来"的历史使命,奋力谱写全面建设社会主义现代化国家山西篇章。

立足省情实际,山西构建形成了"1+N"政策框架。"1"就是制定出台《关于新时代推动山西在中部地区高质量发展中争先崛起的行动方案》,全面对标对表《意见》精神和要求,明确贯彻落实的总体思路和具体举措;"N"就是逐项对应《意见》明确提及山西的工作要求以及对山西具有关键指导意义的政策点,进一步细化编制贯彻落实的具体工作计划,从而形成一套紧

区域新局 改革新举

扣中央要求、结合山西实际,既全面系统又特色鲜明的贯彻落实体系。

2021年10月24日,山西省委十一届十三次全会召开,审议通过了《关于山西在新时代推动中部地区高质量发展中争先崛起的行动方案》。当前山西正加快建立多部门系统联动工作机制,推动22项工作计划落到实处、见到实效,积极服务和融入新发展格局。

 ·政策学习·

《关于山西在新时代推动中部地区高质量发展中争先崛起的行动方案》

该方案以高质量发展为主题,以深化供给侧结构性改革为主线,以国家资源型经济转型综合配套改革试验区建设为统领,以改革创新为根本动力,以满足人民日益增长的美好生活需要为根本目的,从以下七个部分具体展开部署:

一、总体要求;

二、坚持创新发展,构建支撑高质量发展的现代产业体系;

三、坚持协调发展,构筑"一群两区三圈"区域发展新布局;

四、坚持绿色发展,打造黄河流域生态保护和高质量发展;

五、坚持开放发展,建设内陆地区对外开放新高地;

六、坚持共享发展,推动人民共享高质量发展成果;

七、加强组织保障。

这一方案的出台,为山西省委贯彻落实《中共中央 国务院关于新时代推动中部地区高质量发展的意见》,完成好"在转型发展上率先蹚出一条新路来"的重大历史使命,提供了具体的行动指南。

第二章 扬帆出海新航程

全方位推动山西高质量发展

山西立足省情实际，发挥优势、抢抓机遇，以具体的山西行动全方位推动自身高质量发展、助力中部地区高质量发展。

坚持把创新作为第一动力，着力构建先进制造业支撑的现代产业体系。 通过上大压小、等量置换、淘汰落后、先立后破和能耗双控、减污降碳、技术改造等方式，推动传统产业实现高端智能绿色发展，为战略性新兴产业发展提供发展空间和要素支撑，加快先进制造业和现代服务业深度融合，全面筑牢现代产业体系的坚实骨架。

坚持把协调作为内在要求，着力打造全域协同城镇化发展新格局。 加快山西中部城市群建设，支持太原都市区率先发展，打造太原国家区域中心城市。全面实施乡村振兴战略，推进"特""优"农业现代化，高水平建设晋中国家农业高新技术产业示范区，推动太行山等革命老区振兴发展。

坚持把绿色作为亮丽底色，着力构筑黄河和京津冀绿色生态屏障。 稳步推进碳达峰山西行动，与沿黄省区共同推动黄河流域生态保护和高质量发展。实施可再生能源倍增行动，构建更加绿色低碳多元的能源供应体系。坚持治山治水治气治城一体推进和山水林田湖草沙系统治理，打好污染防治攻坚战，加快形成绿色生产生活方式。

坚持把开放作为必由之路，着力建设内陆地区对外开放新高地。融入京津冀实现联动发展，深化晋陕豫黄河金三角承接产业转移示范区建设，推动省际毗邻地区协同发展，推动太原国家综合交通枢纽建设，高起点申建中国（山西）自由贸易试验区，建设太原临空经济区，建设与国际通行规则接轨的市场体系，打造一流营商环境。

坚持把共享作为价值追求，着力推动人民共享高质量发展成果。推进国家全域旅游示范区建设，推动文旅融合发展，打响三晋文化品牌。建设国家现代职业教育改革创新示范区，加强全方位公共就业服务体系，统筹提高基本公共服务保障能力、区域医疗服务能力和社会治理能力。

推动省际协作和交界地区协同发展

山西地处中部地区及黄河流域中段，东临京津冀，南望大湾区、长三角，西通丝绸之路，北据中蒙俄通

第二章 扬帆出海新航程

道,在资源禀赋、地理区位、发展潜力等方面具有独特优势。立足这一省情实际,山西坚持把推动在中部地区高质量发展中争先崛起,同主动融入京津冀协同发展、推动黄河流域生态保护和高质量发展等国家战略结合起来,统筹谋划、协调联动,努力形成一个有机整体,在区域统筹协调、联动发展中,为山西全方位推动高质量发展注入新动能。

注重加强与毗邻地区务实合作,探索要素跨区域高效整合、市场体系统一开放、合作协调组织紧密联动机

运三高速公路三门峡公铁黄河大桥连接线工程窑头特大桥建设现场紧张施工。窑头特大桥是运三高速重要工点之一,采用分离式路基桥梁设计,共11联33跨476片预制T梁。

制，创新资源共享、产业分工协作、利益分配模式，打造毗邻地区融合发展先行区。坚持深化晋陕豫黄河金三角建设，推进运城—三门峡高速铁路、运三高速、三门峡公铁、黄河大桥连接线建设。加强运城、临汾与关中平原城市群在基础设施、产业协作、文化旅游等方面融合互动。支持长治与中原城市群高速铁路互联互通，推进长治—邯郸—聊城高速铁路建设。支持晋城与中原城市群在煤层气等能源领域的产销合作。拓展蒙晋冀长城金三角合作空间，促进忻榆鄂区域联动发展。

二、全力实施黄河流域生态保护和高质量发展战略

党的十八大以来，以习近平同志为核心的党中央将黄河流域生态保护和高质量发展作为事关中华民族伟大复兴的千秋大计，习近平总书记多次深入实地考察沿黄省区，为新时期黄河保护治理、流域省区转型发展指明方向，为黄河流域生态保护和高质量发展重大国家战略擘画蓝图。

2019年9月18日，习近平总书记在黄河流域生态保护和高质量发展座谈会上强调，共同抓好大保护，协同

推进大治理。指出，让黄河成为造福人民的幸福河。2021年10月22日，习近平总书记在深入推动黄河流域生态保护和高质量发展座谈会上强调，扎实推进黄河大保护，确保黄河安澜，是治国理政的大事。指出，咬定目标、脚踏实地，埋头苦干、久久为功。

山西作为黄河中游省份，围绕建设黄河流域生态保护和高质量发展重要实验区，按照"四水四定"要求，抓紧编制出台黄河文化保护传承弘扬、生态环境保护等10个专项规划和11个市的区域规划，探索建立沿黄地区联动发展机制，共同抓好大保护，协同推进大治理，在与沿黄省区共同推动黄河流域生态保护和高质量发展

黄河长城彩色梯田

中，切实体现山西担当、作出山西贡献。

加强生态环境联防联治

完善环境污染联防联控机制和预警应急体系。山西要依托现有水资源保护机构，协调推进上中下游水资源保护与水污染防治工作。共同建立黄河流域横向生态补偿协作机制，完善水资源长效补偿、生态保护补偿、资源开发补偿等省际利益平衡机制。实行最严格的水资源管理制度，推动用水方式由粗放低效向节约集约转变。

强化产业发展合作联动

在加强生态环境保护的前提下，山西要立足各省（区）产业基础和比较优势，围绕产业链部署创新链，围绕创新链布局产业链，深化跨区域产业分工合作，推动产业向高端化、绿色化、智能化、融合化发展。聚焦战略性新兴产业，搭建产供需有效对接、产业上中游协同配合的合作平台。运用"区域链"App，促进信息交流和产业协作。充分发挥晋陕豫黄河金三角等承接产业转移示范区作用，提高承接国内外产业转移能力。

第二章 扬帆出海新航程

推动科技创新合作

聚焦水安全、生态环境、水沙调控等重点领域，联合开展重大问题研究和科研技术攻关，共建产业技术创新战略联盟。实施黄河流域农牧业创新工程，在生物工程、育种、旱作农业等方面取得技术突破。支持共建区域技术转移中心、成果转化基金，促进技术转移和成果转化。推动建立流域高校创新发展联盟和应用技术大学（学院）联盟，构建服务全流域的科技创新平台和人才共享机制。

运城市闻喜县有机旱作小麦、玉米双茬作物高效农业示范园后宫乡上院村示范基地，农机手正在玉米田喷洒叶面肥。

推进基础设施互联互通

山西以信息基础设施建设为重点，共同推进5G网络建设，强化流域数字中心节点和网络化布局，提升流域新型基础设施建设发展水平，共建"智慧黄河"平台。优化提升既有铁路，强化跨省高速公路、高速铁路建设，加快形成黄河流域现代化交通网络，为推动黄河"几"字弯都市圈协同发展提供便利条件。共同探索在黄河干流适宜河段实现旅游性通航。共同推进煤炭、电力、油气等跨区域能源互联工程建设。

保护传承弘扬黄河文化

共同建设黄河国家文化公园，打造黄河文化标识体系。强化区域间文化资源整合利用，共同打造具有国际影响力的黄河文化旅游带和红色文化旅游走廊。联合实施黄河文化遗产系统保护工程。提高黄河流域革命文物和遗迹保护水平，加强同主题跨区域革命文物系统保护。大力保护黄河流域戏曲、民俗、传统技艺等非物质文化遗产。联合开展黄河文化旅游品牌短视频展演活动，打造沿黄省际文化交流合作品牌。

大河汤汤，日月轮转。今天的三晋大地正以前所未

第二章 扬帆出海新航程

有的主动姿态，积极融入黄河的保护与发展当中，通过不断加强同沿黄省区的全方位交流合作，在新时代气势恢宏的"黄河大合唱"中谱就一曲动人的山西乐章。

三、加速构建区域融合发展新模式

党的十八大以来，习近平总书记亲自谋划、亲自部署、亲自推动了京津冀协同发展、长江经济带发展、粤港澳大湾区建设、长三角一体化发展、黄河流域生态保护和高质量发展等重大国家战略，为区域融合发展擘画了宏伟蓝图。

山西积极对接和融入重大国家战略，发布实施《山西省"十四五"京津冀、长三角、大湾区等区域融合发展实现高水平崛

· 知识链接 ·

"3+N"：《山西省"十四五"京津冀、长三角、大湾区等区域融合发展实现高水平崛起规划》的主要内容。

"3"就是京津冀、长三角、大湾区，这是规划的核心内容。以上3个地区是未来中国经济发展的主要引擎，将引领未来中国经济发展。与以上3个区域谋求新合作，可以将山西区域融合发展推向一个更高的平台，非常必要，意义重大。

"N"涉及山西与周边的合作，一是郑州都市圈和中原城市群，二是晋陕豫黄河金三角和关中平原城市群，三是乌大张长城金三角，四是晋陕蒙能源金三角，五是黄河流域沿黄省区。对于山西来说，与每个区域的合作与融合发展都非常重要，都是山西全方位开放不可或缺的组成部分。

"十四五"时期山西省与京津冀、长三角、大湾区等区域融合发展主要指标

	指标	2020年	2025年
	交通基础设施		
1	省内高铁通达地级市（个）	9	11
2	通航城市（航线，条/城市，个）	113/20	138/25
	产业发展		
3	产业合作协议签订数（个）	12	37
4	产业合作协议签约额（亿元）	10155.9	13355
5	国家级功能平台承接产业转移项目数量（个）	105	124
6	国家级功能平台承接产业转移项目中战略性新兴产业项目占比（%）	9.1	13.45
7	通过"圳品"认证农产品数（个）	51	400
8	外送京津冀、长三角电量规模（亿千瓦时）	1004	1150
	科技创新		
9	科技成果转化项目数量（个）	58	85
10	开展合作的国家重点实验室/国家技术创新中心数量（个）	1/0	5/1
	文化旅游		
11	省内外游客占比	7∶3	5∶5
	人才交流		
12	全职引进国家级高层次人才数量（人）	10	20
13	引进博士毕业生数量（人）	739	2000
	教育医疗		
14	高等学校招生计划跨区域交流数量（万人）	5.47	5.57
15	引进高水平医疗团队/医疗专家数量（个）	13/282	22/461

注：1.通航城市的指标数值为面向京津冀、长三角、大湾区等区域的航线条数和通航城市个数。

2.产业合作协议签订数是指以省政府名义与京津冀、长三角、大湾区签署协议数。产业合作协议签约额是指与京津冀、长三角、大湾区等区域项目签约额。

资料来源：《山西省"十四五"京津冀、长三角、大湾区等区域融合发展实现高水平崛起规划》

起规划》，与京津冀、长三角、大湾区等区域一道，坚持互惠互利，在交通、生态、产业等领域务实合作，逐步形成以比较优势为基础、各展所长、优势互补、开放共赢的区域经济格局，加速构建区域融合发展新模式，为推动山西实现全方位高质量发展注入新动力。

深度融入京津冀，实现联动发展

山西积极融入京津冀协同发展，深化晋冀分工合作，打造京津冀重要保障基地和联动发展战略腹地，建设高端科技成果转化地、公共服务共享示范区，构筑京津冀绿色生态屏障，实现京津冀晋协同联动发展。

随着一系列具体行动的落地，山西与京津冀的区域联动发展效果明显。2021年，山西省交通运输厅、华远陆港集团、中国铁路太原局集团，先后在天津市、唐山市同天津市交通委、天津港集团、唐山港集团签署战略合作协议。签约各方在充分发挥各自优势的基础上，进一步发展多式联运，降低物流成本，成为加快构建新发展格局和现代流通体系，实现京津冀晋协同联动发展的缩影。在天津组织召开了晋商晋才倾谈会和山西省（环渤海）先进制造业推介会，现场共签约8个项目，总投资额达到26.4亿元。山西借助服贸会平台，广泛开展对接

区域新局　改革新举

2021年中国国际服务贸易交易会山西主题省馆，全方位展示服务贸易发展新成果、山西转型发展新机遇、对外开放新形象。

交流，在山西—北京服务业协同发展推介对接会上，晋京两地服务贸易领域近50位企业家代表参会，涵盖咨询服务、金融服务、信息科技服务、文旅娱乐服务、法律服务、商务服务、物流贸易服务等领域。

山西正以建设太忻一体化经济区为依托，主动加强与京津冀，特别是雄安新区的对接，推进创新资源、产业发展、要素容量、生态文旅等方面的务实合作，不断加速构建区域融合发展新模式，在全方位推动高质量发展的道路上奋力前行。

第二章 扬帆出海新航程

强化协作长三角，实现共赢发展

山西把握长三角地区建设世界级城市群的溢出机遇，依托重大开放平台和重点示范项目，积极推动承接产业转移，加强对接科技创新资源，加快接轨国际化营商环境，构建市场共建、资源共享、企业互动、产业互融、要素互补的合作机制。

 ·特别关注·

山西"链"上了长三角

2022年6月27日，山西省长三角重点产业推介对接会在南京举行。此次推介会面向长三角开展长板招商，着力推进现代医药、文旅康养等产业链供应链交流合作，为未来双方持续深化交流合作打下良好基础。

面向长三角，"链式招商"谋共赢。这是山西重点产业链在长三角的一次集中推介，"产业链"成为推介会中反复提到的热词，特钢材料、新能源汽车、高端装备制造、风电装备、氢能、铝镁精深加工、光伏、现代医药、第三代半导体以及合成生物等十大产业链各具实力，令与会客商耳目一新。

真诚的邀约，"链主"企业表心声。这是山西现代医药产业链"链主"企业与当地医药企业的一次深入对接，振东集团、国药集团威奇达药业、亚宝药业集团、太行药业等负责人集体亮相，与当地客商面对面座谈，说优势、谈合作、促发展。

扩大朋友圈，开放山西欢迎您。这是山西营商环境和产业政策的一次深入宣传，山西相关部门就产业规划及政策作详细解读，山西转型综改示范区、太忻一体化经济区、长治高新技术产业开发区、大同经济技术开发区等介绍各自优势产业及配套政策。

一句"诚挚欢迎大家来山西投资兴业"饱含了山西人开放发展的期许与深情。山西乘着长三角重点产业推介对接会成功举办的东风，推动十大产业链赢得更大商机更好发展，"链"出高质量发展新活力。

区域新局 改革新举

2021年,山西在上海先后举办了山西省长三角地区项目推介会暨"台商台青走晋来"启动仪式和山西省(长三角)外资企业投资合作推介对接会,聚焦战略性新兴产业集群规划,促进优质项目落地山西,现场共签约6个项目,总投资规模达89亿元。

山西借助参加第四届进博会的机遇,积极强化同长三角区域在招商引资、招才引智等方面的协作,全力推动高质量项目落户山西。作为进博会山西交易团的重要活动,举行了第三届世界晋商上海论坛。论坛采取"1+N"模式,"1"为一场主论坛;"N"为相关部门对口组织的各项活动,包括"康养山西,夏养山西"推介会暨"晋沪智慧养老峰会"、异地晋商(世界)组织联席会暨世界晋商全球对话、世界晋商走进G60峰会暨G60科创成果落户山西推介会、晋沪民营企业对接圆桌会、长三角精准招商引资推介签约活动等。

山西参加进博会的15个交易分团,充分发挥各自优势,丰富招商配套活动,加强策划,提升招商引资活动的档次和水平,为促进山西全方位高质量发展作出积极贡献。以运城市交易分团为例,该分团先后赴宁波、上海两地,积极招商引资、招才引智。在宁波签约项目18个,总投资76.8亿元;在上海签约25个项目,总投资

54.17亿元。

在山西的积极努力之下，长三角区域越来越多的产业项目、创业资本、科技成果落户山西，这不仅为全方位推动高质量发展赋能加力，更以此绘就了一幅区域间共赢发展的生动画卷。

精准对接大湾区，实现协同发展

大湾区是我国开放程度最高、经济活力最强的区域之一。山西精准对接粤港澳大湾区，积极主动把握大湾区建设国际一流湾区的溢出机遇，在全局上谋势，关键处落子，聚焦数字经济、科技创新、现代服务业等关键领域，务实推进重大政策、重大项目落地实施，推动山西高质量转型发展，实现协同发展。

由山西转型综改示范区联合清控科创等公司在深圳建立的创新中心，正是山西南下携手大湾区，汲取大湾区的创新创造活力，聚合科研、人才、资金、产业、市场、政策等全链条创新要素，构建"依海入晋""向海前晋"双向奔赴的"先手棋"和"关键处"。2021年以来，开展几十场活动，从走进大湾区的招商推介、项目路演到引进山西的专题考察，一次次拉近山西与大湾区的距离，成为两地协同发展的一条强劲纽带。以"飞地"创新模式，引入市场主体40余家，资源库储备上市企业150家、优质企业450家，园区空间签约率达82%。以2021年入驻创新中心的企业为例，企业一入中心便享受到山西转型综改示范区一揽子投资优惠及奖补政策，实现了企业"办公在深圳、科研在深圳，发展在山西、贡献在山西"的新模式，为山西高质量发展不断输入新鲜血液。

创新中心招商引资、招才引智的创新性实践，只是山西精准对接大湾区，实现协同发展的一个序曲。未来山西将继续借助"飞地经济"，全力打造资源互补、协同发展、互惠互利模式，为全方位推动山西高质量发展拓展广阔空间、注入澎湃动能。

> **· 知识链接 ·**
>
> **飞地经济**：顾名思义就是指打破行政区划限制，通过政府引导、企业参与、园区共建等形式，实现两地资源互补、互利共赢。近年来，国家出台了一系列政策，引导和鼓励支持有条件地区发展"飞地经济"，2021年，"飞地经济"进入国家"十四五"规划纲要。

四、持续深化国际交流与合作

2021年7月16日，习近平总书记在亚太经合组织领导人非正式会议上发表重要讲话，指出中国已经开启全面建设社会主义现代化国家新征程。我们将立足新发展阶段、贯彻新发展理念、构建新发展格局，建设更高水

第二章 扬帆出海新航程

平开放型经济新体制,创造更具吸引力的营商环境,推动高质量共建"一带一路",同世界和亚太各国实现更高水平的互利共赢。

开放奋进,永不止息。开放是当代中国的鲜明标识,要加快发展,必须加大对外开放力度。在逐步形成以国内大循环为主体,国内国际双循环相互促进的新发展格局中,山西正积极作为,抢抓机遇,持续深化国际交流与合作,精准对接"一带一路",加强与沿线国家主要口岸互联互通,提升中欧(亚)班列运行质量效益,深化与欧美日韩及东南亚的经贸交往,建好晋非经贸合作区。加强

2022年2月25日,一列编载50车40英尺的集装箱,满载633.8吨汽车零配件、割草机、滤纸等货物的中欧班列从中鼎物流园成功驶出,发往俄罗斯圣彼得堡。

区域新局 改革新举

国际友城建设，不断扩大朋友圈。

精准对接"一带一路"

"一带一路"即丝绸之路经济带和21世纪海上丝绸之路，旨在运用中国古代丝绸之路文明符号，高举和平发展的旗帜，积极发展与沿线国家的经济合作伙伴关系。经过多年的布局发展，"一带一路"已成为世界上规模最大的国际合作平台，在互联互通、夯实世界经济长期稳定发展、实现全球化再平衡、开创地区新型合作上取得了重大成就。

山西地理位置优越，承接东西，连接南北。从历史上看，山西更是"一带一路"大商圈的重要组成部分，在"一带一路"建设中有着不可或缺的地位和作用。山西牢固树立开放发展理念，努力抓住机遇、发挥优势，精准对接"一带一路"，紧抓构建新发展格局机遇，以山西实践奋力打造对外开放新高地。

2021年以来，山西精准对接

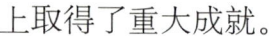

· 特别关注 ·

拓展海外市场　展现国企担当

2021年，山西建投集团以"一带一路"倡议为指引，在"大海外"和"海外优先"两大战略引领和推动下，大力拓展海外市场。目前，海外业务遍布全球50多个国家，在亚洲、非洲、大洋洲及加勒比地区的多个国家和地区设立起分支机构及代表处。虽然当前疫情形势依然严峻，但山西海外项目做到了疫情防控和生产建设同步推进，展现了国企担当。

"一带一路"，结合产业优势，选取"一带一路"重点国别，组织开展经贸投资促进活动。积极营造市场化、法治化、国际化营商环境，"放管服"改革有效激发了市场主体活力和创造力，特殊监管区域功能逐步完善，中欧班列运行质量效益稳步提升，开放平台经济效果显现。同时，巩固拓展口岸疫情防控和促进外贸稳增长成效，出台了一系列稳外贸、促发展的政策措施，引导山西传统产业转型、高新技术突围、新兴产业壮大。

·特别关注·

晋非合作区打造"一带一路"新支点

作为山西文旅集团海外板块的重要载体，毛里求斯晋非经贸合作区正处于建设发展、招商引资的关键期。2021年，中毛自贸协定正式生效，这对中毛企业和晋非合作区来说，是千载难逢的历史机遇。未来的晋非合作区，将充分发挥其地处"一带一路"节点的独特优势，努力打造成为国家"一带一路"的支点、山西对外开放的高地、文旅康养度假的胜地。

在相关政策举措的带动下，山西同"一带一路"沿线国家的经贸合作取得新突破。据统计，从贸易伙伴来看，2021年全年，山西对"一带一路"沿线国家进出口增长超四成；从货物贸易进出口来看，2021年全年，山西对"一带一路"沿线国家进出口495.7亿元，同比增长43.2%，占全省进出口总值的22.2%。

面向未来，山西将继续坚持深入贯彻落实习近平总书记关于对外开放重要论述和重要指示精神，精准对接

"一带一路"，在深度对接国家重大战略中，积极同国内外开展宽领域、深层次、多形式的合作交流，为实现山西更高水平对外开放注入新动能。

加强国际友城建设

以友城为媒，不断巩固扩大国际朋友圈，是山西持续拓宽对外交流合作空间，构建对外开放新高地的重要路径。

近年来，山西以合作共赢为目标，制定出台山西省友好城市工作管理办法、工作流程和指导意见，按照"态度积极、步骤稳妥、友好当先、注重实效"的思路，以"优化布局，增量提质"为重点，完善工作机制，推动友城工作高质量发展。《山西省国际友好城市概览》完成修订编撰，成为对外友好交往的工具书、资料库和宣传册。

截至2021年8月，山西已与28个国家的61个地方政府建立了国际友城关系，与48个国家的108个地方政府建立了友好合作伙伴关系。其中，省级与14个国家的17个地方政府建立了国际友城关系，与28个国家的38个地方政府建立了友好合作伙伴关系；市级友城35对，友好合作伙伴57对；县（区）级友城9对，友好合作伙伴13对。

山西已正式加入中俄地方合作理事会、东北亚地区地方政府联合会，并成为联合会能源气候变化专门委员会协调员地方政府。友城间开展组团互访、互办展览、网络对接、工作协助等形式多样的交流活动，交流内容涵盖科技、教育、文化、卫生、环保等领域，增进了友城间的了解互信，扩大了民间往来。山西已连续4次被全国友协授予"国际友好城市合作交流奖"。

未来山西将不断完善友城结构布局，积极推进"友城结好意向库"和"合作交流项目储备库"建设，促进国际友城建设提质增量，不断巩固扩大国际朋友圈，加强与友城和友好合作伙伴的务实合作，拓展开放发展平台渠道，更好地服务国家总

 ·特别关注·

疫情隔不断　线上交朋友

2022年3月28日，朔州市与吉尔吉斯斯坦塔拉斯市举行线上会晤，双方以视频形式签订发展友好城市关系备忘录。

塔拉斯市距离吉尔吉斯斯坦首都比什凯克398公里，海拔1244米，是吉尔吉斯斯坦一座具有深厚历史文化底蕴的城市，也是其民族英雄玛纳斯的故乡，经济以轻工和食品加工业为主，主要出口产品为乳制品。

此次双方根据平等互利的原则，签订《中华人民共和国山西省朔州市和吉尔吉斯共和国塔拉斯州塔拉斯市发展友好城市关系备忘录》，议定在经贸、教育、文化、旅游、基础设施建设及友好城市等领域开展交流与合作，以增进了解与友谊，促进友好城市关系发展。双方还商定两市有关部门应经常保持联系，并就合作事宜及共同关心的问题进行协商，通过搭建高效沟通平台，推动两市务实交流，进而推动两市早日正式签署国际友好城市协议，正式建立国际友好城市关系。

体外交、服务转型发展、服务构建对外开放新高地。

五、全力推进重点任务实施

高奏华彩乐章，扩大对外开放。2021年，山西加快构建内陆地区对外开放新高地，开辟构建互联"大通道"，打造利用开放"大平台"，持续优化制度环境，不断提升制度性开放水平，推动开放型经济取得巨大进步，山西正步履铿锵地迈向高水平对外开放新境界。

畅通互联开放"大通道"

近年来，随着山西与"一带一路"沿线国家和地区的经贸合作进一步加深，通过完善多式联运，发挥中鼎物流园、方略保税物流中心、山西兰花保税物流中心等枢纽作用，逐步推进中欧班列常态化开行，已成为山西积极构建内畅外联通道的缩影。

2021年，山西进一步加快开辟构建互联"大通道"步伐。大同航空口岸通过省级预验收；太原—旧金山等4条国际货运航线开通；太原国际邮件互换局实现扩容升级，已与全球188个国家和地区实现贸易往来，支撑

第二章　扬帆出海新航程

中鼎物流园内，中欧班列正在装运货物。

起全省对外贸易的高速增长。山西未来将继续坚持畅通开放通道，推进雄忻、集大原等高铁建设，完成武宿国际机场三期工程，尽快开工建设进入国家规划的重大项目，积极做好其他基础设施项目的前期工作，构建立体联网、内外联通、多式联运、无缝衔接的现代交通运输体系。

打造利用开放"大平台"

2021年，山西加快融通开放步伐，实现高水平开放良好开局。作为内陆省份，山西全方位推动高质量发展，坚持把开放作为必由之路，深度融入国家重大战略，加强国内国际两种资源的集聚能力，加快建设口岸、陆港、开发区、综合保税区等开放平台，积极申建自贸试验区和服务贸易创新发展试点，努力打造高水平的对外开放平台，全力打造"三无""三可"营商环境。2021年9月，在商务部公示的首批全国加工贸易产业园审核认定名单中，太原市国家加工贸易产业园名列其中，成为全国首批13家国家加工贸易产业园之一。这不仅为山西新增一块"国字"招牌，更为承接东部地区产业、推动高水平对外开放，提供了较好的平台支撑。

2021年第四届中国国际进口博览会主会场山西展厅举办传统文艺展演，展现三晋独特的民俗、戏剧文化。

第二章　扬帆出海新航程

山西充分利用国际交流平台，扩大开放合作，共享发展机遇。2021年山西成功举办第五届太原能源低碳发展论坛和第十二届中部博览会，组织企业参加进博会、服贸会、投洽会等一批国内外顶级展会，通过产品展示、产业对接、项目洽谈、展览展示等系列活动，充分展现了全省转型发展新成果、投资新环境、发展新优势、开放新形象。

尤为引人关注的是，山西积极主动抢抓签署自贸协议实施带来的重大机遇，提升参与国际合作与竞争的本领。2022年1月1日，山西签发首份RCEP原产地证书，标志着RCEP在山西正式落地实施。山西正通过充分利用国际交流平台，不断展现山西新形象，拓宽山西朋友圈。

下一步，山西将继续坚持构建开放平台，高起点申建国家自贸试验区，

> **·特别关注·**
>
> **山西首份RCEP原产地证书正式落地实施**
>
> 2022年1月1日，运城海关为山西豪钢重工股份有限公司出口至澳大利亚的刮板、压板签发了RCEP原产地证书，货值13334.5美元，根据RCEP澳大利亚降税清单，此批货物将享受进口国关税由协定实施前的5%降为零。这是《区域全面经济伙伴关系协定》RCEP生效实施后山西省海关签发的首份RCEP原产地证书，标志着RCEP在山西正式落地实施。
>
> RCEP各成员国与山西省货物贸易份额较大、经贸互补性强，在数字经济、基础设施建设、装备制造业、煤化工、特色农产品开发等方面具有广阔的合作空间。2022年1月1日，RCEP开始对文莱、柬埔寨、老挝、新加坡、泰国、越南6个东盟国家和中国、日本、新西兰、澳大利亚4个非东盟成员国正式生效，区域内90%以上的货物贸易将逐步实现零关税。

做大做强太原武宿综合保税区，积极新建阳曲、侯马综合保税区，推进跨境电子商务综合试验区建设，支持太原创建全面深化服务贸易创新发展试点城市和临空经济区。

赋能完善开放"新体制"

 •特别关注•

复制推广自由贸易试验区改革试点经验

2014年12月以来，按照国务院要求，山西共安排部署六批117项复制推广任务。为此，山西建立了完善的复制推广工作协调机制，实施项目台账管理制度。2019年5月以来，山西自主安排复制推广深圳前海蛇口自贸片区两批共178项制度创新经验。

截至2022年1月，国务院要求的前五批复制推广任务山西共安排86项，已全部完成。第六批山西共安排31项，已完成6项。深圳前海蛇口自贸片区制度创新经验两批已完成141项。

山西聚焦改革开放、制度开放，以深层次的改革引领转型发展，以制度创新提升开放水平，不断提升开放平台能级，推动建设更高水平开放型经济新体制。

开放制度环境持续优化。政务服务水平大幅提升，加快营造国际化营商环境，形成标准化服务企业体系，开展自贸试验区改革试点经验和深圳前海蛇口自贸片区制度创新经验复制推广工作，启动山西自由贸易试验区申报。

投资便利化水平不断提升。全面实施准入前国民待遇加负面清单管理制度，深化外商投资"放管服"改革，推进招商引资体制机制改革，完善服务企业"走出去"机制。

贸易便利化程度进一步提升。推进全国通关一体化、国际贸易"单一窗口"等通关便利化改革,支持企业建设出口产品"海外仓"和海外运营中心,整体通关时间大幅压缩。

下一步,山西将继续坚持完善开放制度,复制推广自贸试验区改革试点先进经验,健全通关合作机制。通过持续深化"放管服"改革,提高行政审批服务效率,大幅提升招商引资政策吸引力,进一步提升贸易投资自由化便利化水平,增强开放制度的系统性、整体性和协同性,在提升制度型开放能级中,推动山西迈向高水平对外开放新境界。

第三章

勇立潮头新气象

——如何打造开发区建设升级版,决胜高质量发展新战场?

区域新局 改革新举

改革风起立潮头,云帆高悬破浪行。第四届中国国际进口博览会上,山西转型综改示范区作为全省开发区的龙头,组织5家企业携"硬货"精彩亮相,"文物魔墙"实现三维文物展示、语音讲解、互动拆解等功能,其背后是3项发明专利及30余项软件著作权;泰纶生物基含量高达45%至100%,可有效减少纺织行业石油等化石基原料的使用,降低了碳排放;人源化胶原蛋白系自主研发并实现产业化,突破一系列技术瓶颈,填补了国际空白……打造开发区建设升级版,这是生动注解和有力见证,也是山西向世界全方位展示开放转型发展新形象。

全方位推动高质量发展,开发区是第一阵地。近年来,山西逐步搭建起开发区改革创新发展的"四梁八柱",推动开发区成为全省转型发展的排头兵、经济高质量发展的主阵地。全省88家各类开发区正努力打造升级版,由拓展面积向提高效益、由同质化竞争向差异化发展、由注重硬环境向创优软环境转变,充分展示了转型发展的山西效率、山西速度和山西形象。

第三章 勇立潮头新气象

一、保持增速，优化结构

山西共有各类开发区88家，包括工业类69家、现代农业类12家、生态文旅类7家。山西持续保持开发区经济高速增长，在推进中力争高速度，尽可能争取更好结果。一方面将更深入挖掘现有企业的生产经营潜力，另一方面将注重竣工项目的投产达效，通过扎实开展入企服务等举措，推动投产项目形成更多产出。

太原市中北高新技术产业开发区山西喆航航空工业有限公司的技术人员正在对自主研发的直升机进行组装调试。

加快培育新兴产业

山西聚焦"六新"领域，持续加大新兴产业培育发展力度，坚持集群化规模化方向，推动形成布局合理的主导产业集群和上下游配套。目前，开发区已步入发展快车道，初步形成高端装备制造、新一代信息技术、新能源、新能源汽车、新材料、生物医药、节能环保等新兴产业集群，成为全省现代产业体系的重要集聚区。

长治高新区聚焦"六新"突破，着力培育壮大未来产业，特别是积极推进信创产业集群建设，以龙头企业为核心，打造"全链条"信创产业园。目前，已初步形成了从芯片、硬盘、主板生产到系统集成、整机制造的完整信创产业链，是全国唯一连续两年被全国通报表扬的真抓实干成效明显产业转型升级示范园区。从2021年起，长治市内的公交车车身广告上，包括台式电脑、一体机电脑、笔记本电脑、服务器、云终端、行业定制化等"龙芯"产品集中亮相，引人注目。这是龙芯生态在长治发展成果的展现。商品化的"龙芯"1号CPU的研制成功，对中国形成有自主知识产权的计算机产业有着重要推动作用。

河津经济技术开发区通过"科技+"模式搭建三大

科技平台，采取"常态连线、精准服务、重点培育"三项举措，建立了以"平台为载体，企业为主体，市场为导向，产学研深入融合"的创新体系，推动新兴产业步入快车道。山西炬华新材料依托太原理工大学、中海油天津化工研究所的技术支撑，一举晋升为国家级和省级"专精特新""小巨人"企业；安仑化工与中北大学、华东理工大学开展精准技术合作，炭黑产品从8种拓宽提升到17种，成为国内最大的单体炭黑生产基地；昕煜碳纤维公司与中科院山西煤化所、航空航天306所、中电科第二研究所等院所深度合作，打造中空碳纤维及其复合材料产业集群。

沁源经济技术开发区着力打造一条以锂电池产业为核心的新材料产业链，目前引进的年产1.5万吨的裕丰锂电池负极材料项目生产线成功试产。同时，引入动力电池回收公司对废旧锂电池进行回收、分解、再利用，实现资源化处理、循环化发展，争取在"十四五"末建成全省首家锂电池循环化产业园区。

原平经济技术开发区重点以全生物降解塑料生产项目和生物降解膜项目为龙头带动，加快雄安新区塑料包装产业向开发区的转移集聚，着力打造全国最大的可降解塑料生产基地和新材料环保包装基地。

升级改造传统产业

以传统产业转型升级为主线,以集约化布局、信息化牵引、数智化建设为抓手,通过科技创新、技术改造等途径,推动现有钢铁、有色、焦化、化工、建材及传统装备制造等行业加快转向先进制造业,将更多产能用于支持新兴产业发展。

吕梁经济技术开发区通过区校合作成果转化平台,引入国内拥有煤制人工石墨专利技术的天津锦美碳材科技公司与本地煤铝企业深度合作,成功落地煤基负极材料、制氢碳板等项目,产品广泛应用于新能源产业、汽车和轨道交通、航天航空、核工业等诸多领域,走出了一条高新技术嫁接本地煤企的资源型城市转型发展新路子。

清徐经济开发区推进清徐精细化工循环产业园建设,依托美锦、梗阳和亚鑫三家大型民营企业,发展精细化工及化工新材料产业,由"有焦无化""多焦少化"转为"以化领焦",构建全产业链新格局,全力打造全国规模最大、品质优良、效益最佳的"氢都、碳谷、溶剂之城"。

新绛经济技术开发区以煤制气、煤制甲醇、煤制焦炭、炼钢等大链条立梁架柱，构建起门类齐全的全产业链现代煤化工产业集群。传统钢铁企业以打造花园式绿色智能制造工厂，实现全流程智能化、自动化和清洁生产，能耗指标达到国内国际先进水平为目标，已将现有生产装备全部提升为国家非限制类先进技术装备；传统焦化企业通过有组织排放升级改造，精细化发展，变废为宝。

曲沃经济技术开发区紧紧围绕"钢—焦—化—氢"产业链做文章，以装备升级改造筑牢链条基石，以品质提升壮大链条，以技术革新引领行业发展，为全省钢铁行业氢能冶炼成套技术应用作出示范引领，推动传统优势产业率先转型、内涵集约发展。

推进先进制造业和现代服务业深度融合

大力推动大数据、物联网、人工智能等新一代信息技术在制造业领域的应用创新，大力发展研发设计、金融服务、检验检测等生产性服务业及服务型制造业，打造数字经济、平台经济等新优势。

山西转型综改示范区积极推动潇河新城产业园区打造现代服务业发展新高地。2021年10月承担新城投资建设运营任务的山西园区建发集团有限公司，与法国智奥会展集团、温德姆酒店管理（北京）有限公司、雄安绿城发展有限公司、广州万达体育发展有限公司等四家头部企业签署战略合作协议，强强联手。潇河新城将依托会议中心、会展中心及酒店集群，引领带动会议、会展、金融、商务等产业发展，同时科学布局商业休闲、医疗康养、文创教育等新业态，实现产城融合。

阳泉高新区围绕产业基础和特色优势，以特色化品牌化高端化发展引领服务业扩容提质加速升级。启动全国首个车城网数字经济示范运营基地，率先开展自动驾驶出行服务商业化运营，对实现以车城网等场景应用为重点的"智车之城"关联产业集聚。阳泉高新区将进一步推动全区生产性、科技型服务业向专业化、特色化、高端化、集聚化、品牌化方向迈进，塑造现代服务业竞争新优势，推动生活性服务业向高品质和多样化升级发展。

二、做实项目，壮大主体

比谋划储备看项目质量、比招商引资看签约落地、比开工建设看工程进度、比服务水平看满意指数。山西搭建起开发区改革创新发展的"四梁八柱"，聚焦项目

第三章　勇立潮头新气象

建设，抓好项目投产达效工作，有力推动形成以工业类开发区为主，现代农业产业示范区、生态文化旅游示范区齐头并进的发展格局。

狠抓项目建设，掀起建设热潮

全省各开发区加快推进项目建设，滚动开展"三个

·特别关注·

全省开发区2022年第二次"三个一批"活动举行

2022年6月22日，全省开发区2022年第二次项目集中签约一批、开工一批、投产一批"三个一批"活动在全省各地同步举行。本次"三个一批"活动，全省开发区共签约项目321个、开工项目302个、投产项目189个，涉及现代煤化工、装备制造、新能源、新材料、节能环保、大数据、现代医药及大健康等产业。

山西深入贯彻党中央关于加强基础设施建设重大决策和稳经济一揽子措施，把开发区作为项目主要承载地，加快推进项目建设。围绕国家战略，谋划重大项目，紧扣山西经济高质量发展，认真研究国家"十四五"规划纲要及相关领域专项规划，主动对接国家重大区域战略、重大科技战略、重大产业战略，多做前瞻性、破题性谋划，形成更多大项目好项目。围绕市场需求，谋划配套项目，充分挖掘山西煤炭增产保供、新能源装机、工业固废处理、节能减排等方面带来的需求，充分发挥市场机制作用，争取相关配套产业、企业和项目落地，切实把市场需求转化为产业项目。围绕龙头企业，谋划链条项目，突出"链主""链核"企业的关键作用，瞄准产业链短板缺项，以企引企、以商招商，推动更多项目"链上开花"。持续加强对中小微企业的纾困解难，促进大中小企业融通发展。围绕核心产品，谋划关联项目，聚焦产业链核心产品，以产品引零件、以终端带前端，大力发展上下游关联产业、关联项目，实现集群化发展。围绕关键技术，谋划前沿项目，把创新摆到核心位置，集中力量突破一批"卡脖子"关键技术，积极争取国内外相关科技创新成果在山西转化，以关键技术提升产业竞争和招商吸引力，推动更多前沿项目加快布局落地。

一批"活动,主动对接、跟进服务,推动续建项目复工复产,推动新建项目尽快开工,无论工厂车间,还是建设工地,火热的场景奏响了凝心聚力抓项目的"春之序曲"。新项目好项目持续不断入驻开发区,夯基垒台,积厚成势,集聚起转型发展的强大动力。

洪洞经济技术开发区规划以华翔集团为"链主"的全球白色家电产业园。2022年2月16日,洪洞县举办1GW光伏发电及配套项目签约仪式。该县与华翔集团、特变电工新能源股份有限公司三方达成在新能源领域及装备制造领域的战略合作共识。

武乡现代农业产业示范区扎实开展项目谋划。2022年2月18日,该县省级现代农业产业园区产业体系PPP项目对接会在太原召开。以PPP模式为途径,优化农业资金投入方式,撬动更多的社会资本参与当地农业农村现代化建设。

阳泉高新区智能制造产业园内山西尊特智能科技有限公司组装车间里,200余名工人正忙碌着装主板、装喇叭、试音……努力在规定时间里,向客商交付蓝牙音箱的订单。作为深圳尊特数码集团的全资子公司,从2021年6月企业成立,到7月项目开工建设,再到9月第一条生产线建成,年产1000万台智能终端项目正在

第三章　勇立潮头新气象

快速推进。

一个个好项目签约落地、开工建设、投产达效，是山西接续推动"三个一批"活动的生动缩影。截至2022年6月，全省开发区滚动开展了8次"三个一批"活动。2021年全年至2022年上半年，全省开发区签约项目2095个，开工项目2232个，投产项目1849个。各开发区紧紧围绕"六新"抓项目，瞄准重点产业、重点地区、重点企业，大力开展精准招商，持之以恒上项目、强投资、增动能，充分展示了转型发展的山西效率、山西速度和山西形象。

大招商招好商，拓宽发展空间

高质量的招商引资，决定着全省未来发展的空间。山西瞄准重点产业、重点地区、重点企业，开展产业链招商、精准招商、长板招商。编制14个战略性新兴产业招商图谱，发布330个重大招商项目。充分用好"三支力量"，统筹发挥商务、投促等部门的协调指导作用，市县、开发区、驻外招商局的招引主体作用，龙头企业、商会、行业协会等的桥梁纽带作用，把长板招商、产业链招商等做细做实，不断提升招商引资质效。

各市、开发区共组成20支小分队"按图索骥"，分赴全国各地先后对接170余家产业链核心企业。举办京津冀产业转移洽谈对接会、晋闽产业合作交流暨项目对接会等多场省级重点招商活动，充分发挥省政府驻京津冀、长三角、珠三角招商局作用，为"三个一批"项目洽谈签约牵线搭桥。各开发区持续聚焦自身产业定位和主攻方向，用好比较优势和要素资源，用非常之力、下恒久之功来抓招商引资，有效提升招商引资的吸引力、精准度和时效性。瞄准京津冀主攻方向，提升长三角、大湾区招商引资质效，加强产业转移、科技创新等方面对接合作，推动开发区工业投资和规上工业增加值实现较快增长。全省各开发区咬紧目标，从实干中要速度要质量，不断谋求招商引资新的突破。

山西转型综改示范区柔性引进招商大使，赋能打造产业链条。2021年，管委会各招商中心共聘任招商大使、专员300余名，通过招商大使成功引进了泰山玻璃纤维有限公司年产2万吨生物基合成弹性纤维等企业及项目，发挥"虹吸效应"，为打造合成生物全产业链"上下游"规模奠定了基础，推动产业发展由小到大、由量到质、由形到势、由链成群。

朔州经济开发区"六个一"工作机制助力招商引资，即一周一例会、一商一专班、一产一图谱、一月一

第三章　勇立潮头新气象

朔州市平鲁区北坪循环经济园生产车间，技术人员正在组装危险环境特种智能机器人。

签约、一季一开工、一年一观摩。围绕"2+3"新型现代产业体系，打造京津冀招商联络处等8个专业招商平台，将招商引资与个人业绩挂钩，把"铁饭碗"变成"活薪酬"，实施全员全域招商，形成千军万马抓招商、千方百计跑项目的良好态势。

盐湖高新技术产业开发区瞄准战略性新兴产业，依托产业基础和优势，充分发挥企业自主力量，探索实行"链主"招商模式，变"一对一"招商为"一对多"招商，实现多个项目的集群落地，加快了建链延链补链强链的步伐。以新联盟物流为"链主"，吸引

9家物流企业落地，打造投资50亿元的现代智慧物流园。以宏明空调为"链主"，组团招引6家企业，实现技术、平台和市场协作，打造投资20亿元的空调制造产业园。

培育园区主体，壮大入区企业

开发区的能级和水平越高，拉动作用就越大，山西以亩均效益论英雄，结合市场主体倍增工程，在市场主体的规模体量、发展质量和科技含量上做文章，加大"小升规"培育支持力度，着力引进和培育一批龙头企业和"专精特新"企业，持续壮大规上工业企业及高新技术企业规模，布局建设一批中小企业创业园。支持省级以上开发区整合或托管其他园区，鼓励国有企业、社会力量建设"区中园"。2022年5月，出台《关于支持省级以上开发区配套建设中小企业园区的实施方案》，要求"十四五"期间，力争全省工业类省级以上开发区都要配套建设至少一个中小企业园区，每个开发区都要建设一个省级小微企业双创基地，实现全覆盖。省级以上开发区配套建设中小企业园区将以培育市场主体为重点，推动中小企业数量倍增与高质量发展。中小企业园区由省级以上开发区统一规划，以开发区

第三章 勇立潮头新气象

建设为主，为小微企业创业创新和成长壮大提供低价场地，共享设备、技术中心、环保等基础设施和公共服务。

襄垣经济技术开发区精准培育高新技术企业，聚焦政策惠企、服务助企、环境活企，聚焦高企培育，大力推进入库、申报、认定等方面的工作，大力实施创新主体"量质双升"行动，重点支持规模以下高企加快"升规"、规模以上企业加快"升高"、规模以上高企加快发展壮大，大幅提高规模以上企业中高新技术

襄垣经济技术开发区新建宏瑞祥碳基新型建材固废综合利用项目碳塑新型建材生产线上，工人正在埋头苦干。

企业占比。

祁县经济开发区将培育壮大市场主体作为做大总量、做强产业的重要抓手，将"小升规"作为工业经济稳增长、调结构、促转型和增后劲的重要举措，积极鼓励和引导小微企业"小升规"。建立"一库一表一专班"的"小升规"工作机制，强力推动园区企业升规入统。通过一系列的举措，祁县经济开发区2021年新增"四上"企业12户，"四上"企业总数达40户，同比增长42.9%，其中新增规上工业企业10户，同比增长52.6%，为祁县经济开发区高质量转型发展蓄足新动能。

三、深化改革，创优环境

从"承诺制"到"承诺制+标准地+全代办"，山西把市场主体的痛点难点，作为开发区全面优化营商环境的发力点，打出一套重磅的改革"组合拳"，最大限度发挥集聚效应，让市场主体切实享受到改革红利，更大激发市场活力，在打造"三无""三可"营商环境上久久为功、持续发力。

第三章　勇立潮头新气象

"承诺制"改革，跑出"山西速度"

今天的投资结构就是明天的产业结构。对于山西来讲，要扭转"一煤独大"的产业结构，必须从投资上着手。然而，办证跑断腿、审批磨破嘴，项目落地开工难，曾是企业反映的突出问题。山西在全国率先探索开展企业投资项目承诺制改革，着力破解项目审批手续多、耗时长、落地慢的问题。企业投资项目"承诺制"经过逐年推进，建立起"1+3+N"制度框架，改革成效逐步显现，企业获得感显著增强，基本实现了开发区内所有企业投资项目承诺制改革全覆盖，得到国务院、中组部、国家发展改革委的表扬和推广。

"承诺制"帮助企业轻装前行，全省开发区对企业投资项目，变先批后建为先建后验、变事前审批为事中事后服务监管、变部门审批把关为企业信用约束、变企业跑腿为信息跑路，实现项目建设"加速跑"。企业审批时间平均缩短3—5个月，审批环节大幅减少，审批成本大幅降低。

山西转型综改示范区晋中开发区坚持能服务的不承诺、能承诺的不审批。项目签约后，企业一个工作日就能拿到全部开工手续。承诺制的示范效应正在向其他领域传导。过去，一个投资项目的技术评估工作完成后，需要技术专家审核，往往费时又费钱。现在，通过"设计人员终身负责制+设计人员及建设单位双承诺"，晋中开发区90%以上的投资项目纳入免评审管理。

瑞湖新能源汽车服务城是大同经济技术开发区首个"全承诺、零审批、拿地即开工"改革的受益者。项目负责人算了一笔账：项目贷款1.5亿元，按当期贷款基准利率4.75%计算，缩短了审批时间，就相当于节省了530多万元，两期工程算下来就是1000多万元。

"标准地"改革，打造"山西样板"

供地，是工业项目落地的首要问题。2020年1月，山西实施"标准地"改革。所谓"标准地"，简单说就是一块经过政府部门"初级加工"的带规划、带指标、带评估报告的土地，企业拿地就可开工。"标准地"保证了企业拿地时的平整度及水、电、气、暖、路、网等要素，既为企业节省了时间，又节省了费用。山西加快推动"标准地"改革任务落地落实，在解决用地评估事项多、时间长、成本高等问题方面取得积极成效，为开发区项目建设提供了高标准土地保障。

以山西转型综改示范区为例，项目建设配套前置，实现拿地即开工。即将项目施工用水、用电、道路"三通一平"等系统配套服务纳入"标准地"前置条件，有效确保了企业拿地即可入场施工。此外，试行土地"弹性出让"，出台《项目用地全生命周期管理考核评分实施细则》等，保障"标准地"改革取得实效。

新荣经济技术开发区把"标准地"改革作为"一把手工程"，2021年按"标准地"出让的地块共14宗，出让总数位居全省前列。

"全代办"改革，提供"山西经验"

"全代办"改革，解决了企业因办事流程不熟、材料不清、业务不懂导致"来回跑"问题，大大提高了办事效率。全省各市县、各开发区认真落实《开发区投资项目建设领办代办工作制度》，让"政府跑、数据跑"代替"企业跑"，项目审批落地效率、政务服务体系和管理服务水平得到进一步的提升和改善，进一步优化山西开发投资服务环境。截至2022年3月底，全省88个开发区管委会印发了领办代办工作制度，确定领办人代办人近2000名，领办代办事项近1400件。

山西转型综改示范区晋中开发区创新推出"全覆

山西转型综改示范区政务服务中心为办事人设立全程帮办区域。

盖、全时段、全事项、全标准、全线上、全满意"的"六全代办"服务新机制,无缝对接抢工期。截至2021年底,投资项目代办服务协议已签约13家,企业开办类代办服务协议已签约11家。

晋城经济技术开发区本着"更简、更快、更优"的服务宗旨,通过"五变"提服务,实现"五办"优环境。变企业干为政府干,实现简单办;变要我办为我要办,实现一次办;变企业办为我来办,实现全代办;变人员跑为数据跑,实现网上办;变面对面为肩并肩,实现贴身办。

在忻州、临汾等地，除了代办营业执照，行政审批服务部门还为新开办企业免费刻章、免费寄送。

当前，各开发区基本做到了一般工业项目"全承诺、无审批、拿地即可开工"，为企业提供"保姆式"、一对一服务，解决了企业拿地难、审批周期长、项目事项繁的难题。各开发区均印发领办代办工作方案，帮助企业解决对政策不熟悉、流程不了解、办事跑路多的难题。实行相对集中行政许可权改革和"一枚印章管审批"。此外，面向全省开发区复制推广山西转型综改示范区创新体制机制、培育现代产业体系的经验。流程能减则减，服务一优再优，山西各地开发区用办事效率换来发展速度。2021年，全省88个开发区固定资产投资增长22.2%，增幅比同期全省固定资产投资增速快13.5个百分点。开发区正在成为山西转型发展的主阵地、主战场、主引擎。

四、健全制度，强化考核

以政策指导规范改革、以法律监督引领工作、发挥考核激励鞭策效应、以试点鼓励创新探索……山西下非常之力、用恒久之功深化开发区体制机制改革,全面推进专业化、市场化、国际化运行机制改革,推行领导班子任期制、全员岗位聘任制、绩效工资制管理体制改革,增强开发区发展动力和活力,开发区转型升级创新发展取得了显著成果。

深化体制机制改革,厚植发展竞争优势

2021年,山西选定了18个有基础、有特色的开发区作为"三化"改革试点。在推动试点开发区建立投资主体多元化、融资渠道多样化、投资管理市场化的开发运营机制,建立专业化招商队伍,探索特岗特薪、特职特聘,市场化选聘高级管理人才和高层次专业人才,推进国际合作园区建设等方面取得进展。目前,88个开发区全部实现了领导班子任期制、全员岗位聘任制、绩效工资制改革。各地开发区均有明确的主导产业、招商优惠政策、专业招商队伍、项目推进制度等,全部开展了管理和运营分离改革,进一步激发了干部职工干事创业活力,开发区管理体制、运行机制更加顺畅,开发区发展动力不断增强。

武乡现代农业示范区深化"管运分离",创政企合作新模式。通过与山西大地控股产业发展有限公司合作,在示范区成立了武乡县汇昌源建设有限公司，创新实施了"开发区+专业运营团队"新模式——"大地模式"。

推进依法授权，提升服务效能

山西相继出台开发区总体发展规划、招商引资、机构编制等30余项配套政策，为提升服务效能、激发干事热情等提供了制度保障。稳步推进向开发区赋权改革，按照"能放尽放、能授尽授"原则，切实向开发区简政放权，推动设立综合服务平台，做到赋权事项领得到、接得住、管得好，实现"区内事、区内办"。

沁水经济技术开发区在全省县级开发区成立首家财政局，设立一级财政。坚持开发区财政局独立核算、利益兼顾、激励发展等原则，积极构建有利于开发区改革创新、体制升级的财税体制。特别是开发区国库上线运行后，畅通了政府资金的运行渠道，结束了开发区"用钱不畅"的局面，有力推进了开发区项目建设。

强化督导考核，加强干部管理

开发区持续优化目标体系，不断提升指标设定的科学性针对性，激励不同规模层次的开发区都能跳起来摘到"桃子"。开展对开发区常态化督导，及时调度把控各开发区基础设施建设、"三化三制"改革、招商引资、项目推进、环境优化等情况,并对督导反馈以及调研座谈发现的各类问题及时解决,推动各类开发区争先进位、提档升级,确保开发区各项改革任务不折不扣落到实处。

开展全省开发区发展水平年度考核工作。实行开发区领导班子"有进有出、有升有降"动态管理,严格落实"末位淘汰"制度,进一步深化开发区人事和薪酬制度改革,做到硬考核、真兑现。选优配强开发区领导班

子，加快专业化、市场化、国际化管理团队建设，进一步完善有关干部交流培训制度。扎实开展党员领导干部利用开发区资源谋取私利问题专项整治，深化以案促改、以案促治，推动开发区净化政治生态、优化营商环境。

百舸竞渡，逐浪前行。山西打造开发区建设升级版，各项部署转化为有效管用的举措和狠抓落实的自觉行动，以全新视野谋划事关开发区长远发展的重大问题，做到整体推进、重点突破，切实以高质量论英雄，不断提升产业发展的含金量、含新量、含绿量。

第四章

千帆竞渡新活力

——如何狠抓市场主体和重大项目,构建高质量发展新支撑?

雨后春笋拔地起，锦绣图景次第展。2021年中国国际服务贸易交易会上，山西精选七大领域38家企业参会，山西数据流量生态园作为唯一受邀参展的数字经济产业园区参会，在展台周围，前来咨询和洽谈的客商络绎不绝。作为中国首家以数据流量为特色的数字经济产业园区，山西数据流量生态园已集聚140家头部数字经济企业，初步形成数字物流、数字能源、数字传媒、数字文娱等十余种数字经济新业态，荣获"2021山西省最具发展潜力的民营企业"。山西全方位推动高质量发展的过程，是市场主体激活壮大，优质项目拔地而起的过程。

习近平总书记强调，市场主体是经济的力量载体，保市场主体就是保社会生产力。要千方百计把市场主体保护好，激发市场主体活力。指出，要把实体经济特别是制造业做强做优，发挥重大投资项目带动作用。

山西下大气力激发市场主体活力和发展动力，在厚植高质量发展新根基上不断出实招、见实效。支持民营经济发展壮大，全面保障市场经济健康运行。以具体项目为抓手，构建高质量发展新支撑。

一、实施主体倍增工程

市场主体是经济活动的主要参与者、就业机会的主要提供者、技术进步的主要推动者。发展壮大市场主体，是保持经济平稳运行、健康发展的重要基础，是提升区域竞争力和综合实力的迫切要求，是加快经济转型、推动高质量发展的内在要求，是繁荣市场经济、增进民生福祉的现实需要。截至2021年底，山西市场主体总量达到315.55万户，同比增长11.3%，保持了快速增长的良好势头。2022年是市场主体建设年，山西将全面实施市场主体倍增一揽子政策，力争2025年底全省市场主体达到600万户左右。

政策先行，"1+1+8+1"体系保驾护航

为优化省内营商环境、激发市场活力，从市场主体需求关切出发，通过全周期、全流程、全要素的政策创新，山西出台"1+1+8+1"政策体系作为"十四五"期间市场主体倍增计划的"施工图"，为全省市场主体发展保驾护航。

第一个"1"，即《关于实施市场主体倍增工程的意见》，主要包括推动全省市场主体加快发展的48条指

区域新局　改革新举

 ·特别关注·

市场主体建设有硬招

围绕市场主体的方方面面，山西相关各部门均拿出"硬核"举措。

财税金融方面，2021年山西市场主体数量达315.55万户，净增规上工业企业1200户左右，新增减税降费超150亿元。2022年将继续突出减税降费、完善机制和提升服务。在山西强化市场主体倍增要素服务保障的78条措施中，财税支持相关政策有36条，涵盖金融发展、产业集聚、科技创新、办税缴费、政府采购、会计服务等多个领域。全省金融机构将突出"七个着力点"，从"三个发力面"制定14条"硬核"举措，重点惠及广大小微企业及个体工商户，补齐市场主体倍增工程金融服务短板。

市场监管方面，出台《关于支持个体工商户倍增质升的若干措施》。针对全省个体工商户发展面临的产业集聚性弱、融资难、招工难、社会保障低等问题，围绕拓宽创业领域、方便准入准营、降低制度性成本、推动做大做强、营造良好发展生态、强化保障落实等6个方面，制定24条措施，真正解决个体工商户急难愁盼的问题，支持个体工商户渡过难关、良性发展。

自然资源方面，将加强自然资源领域市场建设作为牵引性重大性改革，将以提高市场的资源配置效率和公平性为重点，完善自然资源领域"十大市场"，加快构建统一开放、竞争有序的自然资源市场配置体系和机制。

生态环境方面，将从统筹排污指标、深化环评改革、简化排污许可、优化环境执法等方面，把生态环境保护全方位融入经济发展大局，强化市场主体环境能耗要素保障的10条保障措施。

能源方面，将坚持能效优先，保障合理用能。优化存量，严控增量；大力培育新兴产业和接续传统产业；强化技术创新，加强技术评价，为市场主体提供强有力的能耗要素支撑。

科技方面，坚持创新引领，将聚焦加强科技型市场主体孵化、滚动实施高新技术企业倍增计划、大力培育高科技领军企业以及推动科技与金融深度融合等4个层面，研究提出11条科技创新支持的具体措施支持市场主体倍增。

导性意见,核心要义是从制度层面破解各类市场主体平等进入有关市场领域的制约障碍,通过真金白银的政策扶持和真心实意的服务保障,引导激励市场主体蓬勃发展。

第二个"1",即《关于强化市场主体倍增要素服务保障的若干措施(试行)》,主要包括金融、财税、用地、环境能耗容量、科技创新、政务服务等六大方面支持市场主体发展的78条政策措施,向全省市场主体提供一揽子力度空前的"政策大礼包"。

中间的"8",即农业、制造业、文旅、商贸物流、个体工商户、创业创新、城市烟火气集聚区等8个行业领域内市场主体倍增的专项实施方案。

最后一个"1",即《成立省优化营商环境促进市场主体倍增工作专班方案》及近期重点工作计划,形成横向到边、纵向到底的抓市场主体倍增政策落实的工作推进机制。

"1+1+8+1"政策体系,大幅放宽市场准入,大力消除招投标和政府采购隐性壁垒,把兄弟省份先进做法在省内嫁接转化,提供集成式服务,部分政策达到国内领先水平。同时,在信贷担保、税费奖补、创业就业、产业集聚、科技研发、普惠金融等方面给予43亿

元的真金白银扶持,专门制定了抓落实的工作方案与专班,为政策落地见效提供有力保障。

改革落地,商事制度改革不断向纵深推进

商事制度改革是党中央、国务院的重大决策部署,是减少行政审批、转变政府职能、优化营商环境、释放市场潜力的重要举措。山西开展商事制度改革以来,从提高登记便利化水平、消除经商兴业障碍入手,大力推进各项改革措施落地生根,有效激发了市场活力和社会创造力。

近年来,山西持续深化压缩企业开办时间,在全国率先取消名称预核准,全面实行企业名称自主申报;网络企业登记办理业务85%以上;再次精简企业开办申请材料,由2018年的16件压缩为8件;全面推行"审核合一",企业登记全程都由同一人员受理、审查、核准,最大程度减少审批时间;探索政银合作,把办事大厅延伸到银行的各个网点。

2021年,山西聚焦市场主体倍增,持续化解"准入难",成为全国企业开办标准化规范化试点省份,全力推进准入登记"一套标准、一网通办、一天办结";着力破除"准营难",在全省全面推行"证照分离"改

第四章 千帆竞渡新活力

革全覆盖；有效解决"退出难"，出台《依职权注销企业暂行办法》，完善简易注销登记、便利中小微企业退出；多措破解"经营难"，建立扶持个体工商户发展厅际联席会议制度，在全国系统第一家专设市场主体发展服务处；持续推动减税降费惠企政策落实，联合邮储银行山西省分行累计为10万个体工商户和小微企业提供贷款210亿元。

2022年6月，山西出台《进一步优化政务服务促进市场主体培育发展工作方案》，进一步优化政务服务，加快促进市场主体培育发展，有力有序有效推进市场主体倍增工程。审批部门推出一批便利举措，靠前服务、一线服务市场主体。主要包括：下放市场主体登记注册权限，全面推行企业开办"一件事"套餐服务，推行上门注册登记服务，推行证照"自动延期"服务，推行线上专家评审服务，畅通重大项目审批服务"绿色通道"，推广重大项目审批事项主动靠前服务，建立重大项目"容缺并联审批"机制，全面推行"拿地即开工"审批服务模式等。

多措并举，助推各类市场主体成长壮大

实施市场主体倍增工程，以市场主体倍增推动经济

扩量提质、加速崛起。加快"双创"提档升级,推动中小微企业和个体工商户持续成长、"四上"企业不断壮大。加强对消费类、文旅类、先进制造业类、能源资源类市场主体的分类指导,实现互促共进、竞相发展。

打造平台集聚效应。强化平台承载促进市场主体集聚发展,是推动全省经济扩量提质、加速崛起的有力抓手。一方面建设特色平台,释放承载潜能。山西科学规划、合理布局,着力打造开发区、双创基地、文旅康养小镇、乡村e镇、网络流量平台、特色商业街区、楼宇经济等各类平台,搭建检验检测等公共服务平台,

山西鑫谷科技有限公司在直播销售中阳木耳。

第四章　千帆竞渡新活力

特别是围绕制造业、特色轻工、特优农业等领域，推动特色专业镇和产业集聚区做大做强。在提升承载力上精准发力，不仅看到能够承载的"量"，而更考虑平台承载之"质"。新发展阶段市场主体的诉求也更加多元、多样、特色化，在做大做强的基础上，还需做"优"做"特"。2022年上半年新培育认定"专精特新"企业744户，数量增长113%，率先实现了"专精特新"企业市场主体同比倍增目标。另一方面完善政策配套，放大集聚效能。全省各地因地制宜加大政策优惠扶持力度，将实施市场主体倍增工程与支持民营经济发展相关政策统筹考量，发挥政策集成效应，提升政策精准性和含金量，推动市场主体扩总量、优存量、促增量、提质量。实施制造业扩规、新业态新经济成长等"七大行动"，支持各行业市场主体梯度培育、发展壮大。

为市场主体融资纾困。积极发展壮大各类金融业态，在弥补小微金融服务短板中先行先试，为服务实体注入资金动力。加强对重点企业落户、科技创新、首次创业等方面的财税支持。金融系统聚焦主责主业，跟踪落实系列稳企惠企金融政策，构建普惠性融担体系和补偿补贴机制，提高信用贷款、转贷续贷和首贷户比重，促进中小微企业融资增量、扩面、降

区域新局 改革新举

・特别关注・

让市场主体"如鱼得水"

寒冬时节,巍巍石岭关下,太忻大道快速化改造工程正在火热建设中。建设太忻一体化经济区正当其时、势在必行、潜力无限。忻州市税务部门以务实举措助力太忻一体化经济区加速构建,将落实减税降费政策作为服务经济大局发展的重中之重,把政策红利转化为实实在在的资金和项目,2021年全市累计减税降费5.43亿元。

山西高耐特新材料科技有限公司是一家利用煤矸石、粉煤灰加工制造低密高强陶粒支撑剂产品的企业。2021年以来,产品销路不畅,企业发展进入"瓶颈期"。经济不景气,疫情又反复,订单量一直下跌,在生意快做不下去的紧要关头,忻州税务纳税服务团队为企业送来了制造业缓税的好政策,直接为企业缓税91.96万元,再加上银税互动贷款的支持,大大缓解了企业的压力。

大水漫灌可"解渴",精准滴灌更"壮苗"。税惠助力小微企业和个体工商户发展的过程恰是税收红利点滴浸润、持续浇灌市场主体"幼苗"成长的直接体现。宁武县龙凤涧园火锅店在2020年至2021年享受到近15万元的增值税税收优惠,税收优惠政策对企业的持续性帮扶让饭店有更充足的流动资金。税收优惠政策不仅有效缓解了企业经营困难,降低了生产成本,而且对保障就业和改善民生发挥了重要作用。

资金是企业发展的"命门",政策红利犹如企业发展的源头活水,为企业科技创新提供了硬支撑,也为企业逆流而上提供了硬保障。五台云海镁业有限公司是忻州市五台县投资规模最大的民营工业企业之一。该企业从事研发生产镁合金产品近30年,拥有17项实用新型专利、6项发明专利,其中,"一体化"节能竖罐炼镁工艺国内领先。随着税收优惠的不断"加码",2021年提前一年享受研发费用加计扣除额493.3万元。税收优惠政策减轻了公司的压力,大大增强了企业研发投入的信心。企业从源头剩下的宝贵资金用在新产品的研发和对科研人员的培训上,持续增强产品竞争力和本土制造业的国际市场影响力。

价；进一步优化融资服务，以常态化政银企对接机制为依托，集中开展新一轮省部（市企）合作协议签署、新一批银企项目推介对接、新一度金融机构服务地方服务小微服务民营服务乡村振兴考核评价，服务市场主体倍增工程取得成效。2022年4月，山西出台《加大纾困帮扶力度支持中小企业平稳健康发展若干措施》，并同步出台了《山西省"专精特新"中小企业培育工作方案》，形成"1+1"的纾困培育政策体系，为对接市场主体倍增工程、帮助中小企业渡难关促发展提供了有力的政策保障和工作抓手。

降低市场主体营商成本。推动国家减税降费政策全面落实到各类市场主体。推进"房证同交""地证同交"改革。降低综合物流成本。加强对战略性新兴产业的环境容量和能耗保障。完善常态化联系服务企业机制。同时，严格落实国家和省出台的取消、停征、免征、降低行政事业性收费政策，严格规范行政审批中介机构、行业协会、商业银行等领域收费，全面清理物流、认证、检验检测等领域经营服务性收费，禁止互联网平台企业滥用市场支配地位收取高价服务费。

二、聚焦民营经济发展

· 特别关注 ·

民营企业经济实力持续提升

随着一系列鼓励民间投资、支持民营企业政策的落地实施,山西民间投资与市场关系越来越紧密,热情度越来越高,市场活跃度越来越强。2021年中国民营企业500强中,山西5家民营企业上榜。鹏飞集团营收首次突破500亿元大关,位居全省民营企业首位,潞宝集团、晋南钢铁集团、建邦集团营收全部突破了300亿元大关。在2021年山西百强民营企业中,18家民营企业营业收入超过100亿元,比2020年增加4家。

这是一组亮眼的数据:作为山西经济的"半壁江山",民营经济贡献着全省48.5%的GDP、58.3%的税收、96%的高新技术企业和75%的新增就业;现有的315.55万户市场主体中,民营企业占到93.9%;2021年民间固定资产同比增长10.1%,比全国民间投资增速快3.1个百分点;2021年全省民营经济总量首次突破万亿元大关,民营经济增加值增量创历史新高,成绩可喜、令人振奋。

民营企业是稳定经济社会发展的重要力量,民营经济是山西全方位推动高质量发展的重要支撑。民营经济发展的水平,体现了山西高质量发展的成色,直接关乎万家灯火、百姓冷暖。山西始终坚持"两个毫不动摇",持之以恒创优发展环境,大力支持民营企业发展壮大,加快推动民营经济高质量发展。

第四章　千帆竞渡新活力

党建引领，把民营经济人士更好团结在党的周围

近年来，山西全面加强党对民营经济的领导，深化民营企业家理想信念教育，引导激励广大民营企业家弘扬优良传统，践行社会主义核心价值观，自觉履行社会责任，把民营经济人士紧密团结在党的周围，为全方位推动高质量发展凝心聚力。

持续开展理想信念教育。 省委统一战线工作领导小组建立省委民营经济统战工作协调机制，进一步加强了党对民营经济统战工作的领导。开展以"学党史明理增信、感党恩崇德力行、听党话铸根树魂、跟党走图强报国"为主题的党史学习教育，举办"晋商大讲堂"对山西民营企业家开展集中性专题学习，建立了泰化集团党建主题公园、潞宝集团红色教育园等10个党建教育示范基地，打造了以胜创能源集团等为代表的100个党建示范党支部，突出政治引领，加强教育引导，不断夯实民营经济人士健康成长的思想基础。开展最具潜力民企、准独角兽企业、瞪羚企业等专题培训，实施年轻一代企业家接力计划，推动落实"晋商晋才"培育计划，不断加强民营企业家队伍建设。

引导全省民营企业履行社会责任。 在促进和稳定就

区域新局 改革新举

2021年9月30日,山西省年轻一代企业家捐资助学发放仪式在太原市娄烦县天池一寄小学举行。

业上,民营企业优先考虑为本地人员创造就业岗位,在积极配合落实新冠肺炎疫情防控措施的同时,避免恶意裁员、减薪等损害劳动者权益的行为。同时,积极创造灵活就业岗位和实习岗位,为安置复转军人、残疾人等群体就业搭建舞台。2021年山西民营企业100强中,用工人数超过万人的民企达到5家,百强民企员工总数达到34.04万人。民营企业已经日益成为吸纳就业的"蓄水池"。

在脱贫攻坚和乡村振兴上,山西2603家民营企业实施了扶贫项目,累计投入资金42.96亿元,帮扶贫困村6330个、贫困人口48.06万人,为全省打赢脱贫攻坚战作出了积极贡献。目前,"万企兴万村"山西行动已全面展开,广大民营企业马不停蹄,助力美丽乡村建设。

在疫情防控和最强秋汛救灾行动中,山西民营企业速度之快、规模之大、范围之广、效率之高,前所未有,积极组织开展志愿服务,迅速组织资金、物资等驰援疫情防控一线,科学有序推进复工复产,为打赢疫情防控阻击战攻坚战贡献力量。据统计,全省4500余家民营企业、商协会及海外晋商组织为抗击疫情捐款捐物超5.5亿元,790余家民营企业和商协会为防汛救灾捐款捐物7.2亿元。

主动服务,持之以恒创优发展环境

山西在创优营商环境、政务环境、市场环境、法治环境、融资环境等方面做了大量的探索和努力,全省民营经济迎来了创业创新创造、加快高质量发展的黄金时期。

创优营商环境。良好的营商环境是民营企业健康发展的基础。山西打出优化营商环境组合拳,出台支持民营经济发展"30条""新23条""70条"等政策措施,加大要素供给，大力支持民营企业发展壮大。成立省促进民营经济发展工作领导小组，帮助民营企业解决制约发展的突出问题，持续跟进打造民营经济创新生态、强化民营经济要素保障等重点任务的落实。开展全省民营企业走访谈心大调研活动，着力解决民企在发展中的难点痛点。政法、发改、工信、工商联等部门立足各自职能，出台各项政策举措，靠前服务，形成了支持民营经济发展的强大合力。

优化政务环境。精心组织实施民营经济扩量提质、民营经济转型引领、民营企业家队伍建设"百千万"、晋商晋企贴心服务四大工程。高规格召开民营企业家座谈会，健全常态化服务对接机制，完善民营企业诉求维权机制，引导领导干部光明磊落同民营企业交往，做到无事不扰、有求必应，亲而有度、清而有为，不断健全政企沟通协商制度，持续优化创新生态。全省各界通过密集释放政策举措红利，引导民营经济健康发展和民营经济人士健康成长，塑好晋商新形象，展现晋商新担当。

放宽市场准入。推行国家统一的市场准入负面清单，清理与企业性质挂钩的规定和做法。加强反垄断和反不正当竞争。依法合规安排相关民营企业项目尽快办

· 特别关注 ·

进一步放宽民营企业市场准入

为鼓励引导省内外民间资本投资山西、建设山西，2022年3月，省发展改革委确定第一批鼓励民营企业参与投资领域项目清单。本次发布的领域和项目面向民营企业，所有项目民企投资比例不低于30%，鼓励支持有实力的民间资本通过控股、参股、BOT、PPP等多种方式参与项目建设。清单内项目采用市场化方式运作，民间资本自主自愿、自行评估、自负盈亏，项目实施不以任何方式承诺最低收益。

位于太原的项目涉及高速公路、龙头景区建设运营，国企后勤服务外包等。其中，古交—娄烦—方山高速公路，路线全长66.63公里，计划开工时间为2023年9月，已纳入省级规划，正在开展前期工作；太原西山生态文化旅游示范区旅游公路配套工程，包括一期21个游客服务驿站、7个入口门户、公厕及停车场等设施建设项目，开工时间为2022年6月，重点项目落地研究已上专家会，可研已编制完成。

省发展改革委成立工作专班，对清单内项目推进情况实施专人跟踪服务，及时帮助协调解决项目推进难题。各市、各有关部门积极对接民营企业，主动推介项目，除法律法规明令禁止的外，不得以任何形式对民间资本设置附加条件和准入门槛。

理建设审批、开工审核等手续。鼓励民营企业进入基础设施、公共服务、公用事业等领域，让民营企业在更多领域挑大梁、唱主角、创大业。

优化法治环境。法治是最好的营商环境，是民营企业家最大的"定心丸"。执法司法活动作为法治环境建设的重要内容，直接关系着民营企业的法治获得感。山西以执法司法为重点，规范行政执法，提高司法效能，依法严厉打击破坏营商环境、侵害企业合法权益各类违法犯罪活动，坚持依法保障企业权益与促进合规守法经营并重，妥善审理涉民营企业案件，建立涉民营企业案件调解、立案、审判、执行的绿色通道，高效妥善化解涉民营企业矛盾纠纷，保护民营企业合法权益，为民营企业发展提供了法治保障。

发挥优势，推动民营经济增总量扩规模提质效

山西坚持增总量、扩规模、提质效，做大实业、做强产业、做优主业，全面提升民营企业核心竞争力。

在提升创新能力上发力。民营企业既是市场经济最鲜活的代表，也是转型发展的主力军。山西深入推进规上工业企业研发提升工程，滚动实施高新技术企业倍增计划，加大"专精特新"企业培育力度，建立民营企业参与国家和省重大战略实施机制，建立民营企业人才绿色通道，推动更多创新型民营企业发展壮大。

山西聚焦"六新"突破，鼓励支持民营企业布局新兴产业、未来产业。截至2021年10月，全省3188家高新技术企业中，民营企业占到96%；403家省级以上企业技术中心中，民营企业占到近七成。"2021民营企业研发投入500家""2021民营企业发明专利500家"榜单发布，长治市南烨实业集团等9家民营企业入围。

第四章　千帆竞渡新活力

民营企业把握新经济机遇，在流量型经济领域抢占先机，通过创新"3+N"模式，成功落地全国首个数据流量生态园，聚合满帮、聚盟、远洋、祥睿、穗华等一批流量型经济平台及数字产业头部企业，快速形成物流、资金流、人才流、信息流、数据流等各类要素的聚合优势，民营企业加快转型，实现弯道超车。凯赛生物、字节跳动、华为鲲鹏、中来光电、山西百信、大运九州、美锦集团、振东集团等一批民营企业积极投身信创、生物基新材料、新能源汽车、通航产业、大健康等战略性新兴产业，转型转出新优势。

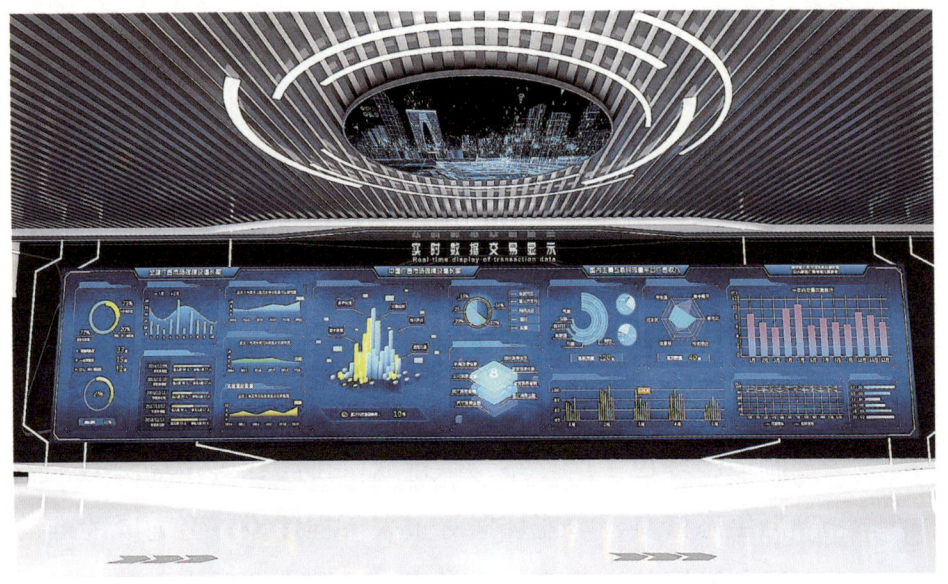

山西数据流量生态园数字生态大屏

在狠抓产业协同上发力。山西围绕建链补链延链强链,谋划实施一批技改升级、提产扩能、先导示范项目,推动国企和民企加强产业链供应链上下游协同,实现要素优化配置、企业功能互补,更好地发挥产业集群集聚集约效应。一批传统民营企业转型发展数字经济、文旅康养、现代农业,企业焕发新活力。山西建龙、晋钢集团、山西建邦、晋南钢铁等钢铁行业民营龙头企业率先开展智能化、数字化、绿色化改造,延长产业链条。

山西晋坤矿产品股份有限公司是国内最早利用煤矿固废煤矸石研制煤系高岭土和催化材料的高新技术企业,也是国内煤系煅烧高岭土行业领军企业。近年来,通过"年产1.5万吨煤矸石制备石油催化裂化前驱体项目"实现成果转化,既为全省煤炭领域固废物处置开辟了一条新的高附加值利用途径,更为国有大型骨干企业在产业链上起到强链补链作用。

在绿色低碳转型上发力。山西民营企业加快发展循环产业、环保产业,提高资源能源利用效率,推动绿色制造、绿色生产,参与碳排放、排污权等市场交易,参与生态修复、节能环保等重大工程建设,努力成为推动绿色发展的实践者、受益者。民营企业着力摆脱"煤炭

第四章 千帆竞渡新活力

思维"惯性,绿色工厂、绿色工业园区、绿色产品、绿色供应链不断涌现,绿色生产方式加快形成。

山西祥睿能源有限公司是一家专注低碳科技的数字能源物联网企业,通过传统产业与数字能源高度融合,提供负荷聚合、能源管理、绿电消纳、碳汇管理等高端服务,成立了全省第一个园区试点公司、第一个增量

 ·特别关注·

发挥桥梁纽带作用　破解发展堵点难点

山西数据流量生态园的山西祥睿能源有限公司,是一家专注低碳科技打造"低碳云账户+虚拟电厂"为牵引的新型电力系统的数字能源物联网企业。虽然契合"双碳"背景,但由于很多商业用户缺乏对"双碳"的认知,在拓展用户上存在很多难点,企业发展遇到了瓶颈。针对企业遇到的问题,省工商联多次对接,商定了推广新型电力系统的方案。通过广泛宣传,用理念的更新和引领,让民营企业知道在"双碳"背景下必须进行能源革命,通过数字能源的引入来降低企业成本。为企业搭建平台,帮助祥睿能源与山西"两高"企业精准对接,实现双赢,从而解决企业发展的难题。

作为民营企业的"娘家人",省工商联紧紧围绕省委、省政府决策部署,围绕"两个健康"工作主题,发挥自身统瞻性、经济性、民间性三大优势,畅通政企间沟通渠道,使民营企业的诉求能够真实、快速、便捷地反映出来,在政府和企业之间架起了沟通的桥梁。为更好服务企业,解决企业痛难点问题,在"我为群众办实事"实践活动中,省委统战部和省工商联创新"3+N"模式,为山西数据流量生态园做好服务。"3"就是成立一个工作专班、一个商会和一个党支部,"N"就是推动一个或多个产业集群,如数字物流、数字农业、数字能源等产业落地发展。通过"3+N"的创新模式,将服务企业工作阵地前移,通过联谊组织、协会与新兴经济实体一体建设、一体推进、一体发展,既为广大民营企业家个人成长和事业健康发展提供了广阔的平台,也为山西数据流量生态园新业态发展汇集了人才和合作资源,实现了以政策链、创新链为切口,推动产业链、资本链、人才链延伸发展。

配网公司，也承接了全省第一个综合能源试点、第一个智慧能源试点项目，在能源创新方面做到了山西多个第一。

三、推进重大项目建设

重大项目是全方位推动高质量发展的硬抓手。山西把项目建设作为经济工作的第一支撑，2021年全力推进521个省级重点工程建设，呈现项目提质、工作提效、建设提速的良好态势。2022年，党中央关于加强基础设施建设重大决策和稳经济一揽子措施，为推进项目建设带来了重大机遇。山西把项目建设放在稳增长、促发展整体工作的突出位置，高标准高质量做好项目谋划，紧抓不放推动落地落实，常态化召开项目谋划推进会，常态化开展"三个一批"活动，力促项目早落地、早开工、早建成、早达效，接续掀起项目建设新高潮。

优化项目结构

围绕国家战略，谋划重大项目。围绕市场需求，谋划配套项目。围绕龙头企业，谋划链条项目。围绕核心产品，谋划关联项目。围绕关键技术，谋划前沿项目。

聚焦产业转型、基础设施和重大民生领域，谋划推进一批大项目好项目。

传统新兴并重，扩大产业投资。产业投资占全省固定资产投资的44.4%，是稳投资、促转型的顶梁柱。传统优势产业领域，围绕煤炭、电力、钢铁、有色、焦化、化工、建材、装备制造等行业，建设一批上大压下、产能置换、节能改造、5G矿山等项目，省级主抓100个工业技改示范项目。新兴产业领域，围绕"六新"、新能源、煤成气增储上产、文化旅游、现代物流等行业，加大招商引资，落地建设一批头部项目、"链主"项目、"单项冠军"项目、延链补链项目，省级主抓凯赛生物、综改区年产16GW高效单晶电池工厂等100个新兴产业示范项目。

新老基建并举，稳住基础设施投资。基础设施投资由政府主导，占全部投资20%以上，是稳定投资运行的压舱石。新基建领域，2022年新建3.01万座5G基站，加快建设秦淮、中联、太行数据湖等数据算力中心，新建一批工业互联网、物联网、智慧城市、智能工厂、智慧园区等5G场景应用项目。省级主抓100个新基建示范项目。传统基建领域，铁路重点是开工建设雄忻高铁，加快集大原铁路施工，持续推进太原铁路枢纽东环线、

区域新局　改革新举

中国移动通信运城分公司技术人员在红盾花园南5G基站点安装调试设备。

长邯聊等项目前期。公路重点是开工建设临浮高速，加大汾石高速、晋阳高速改扩建、太原西北二环等项目建设，抓好普通国省干线公路迁改和旅游公路建设。机场重点是确保太原机场三期改扩建如期开工，加快运城机场飞行区改扩建、朔州机场和通用机场建设。能源基础设施重点是抓好特高压扩建和"西电东送"通道、垣曲和浑源抽水蓄能电站、天然气管输和调峰储气等项目建设。水利重点是实施汾河等七河及湖泊、大泉、湿地生态保护修复，谋划建设一批黄河流域堤防建设、水库除险加固、河道整治、滩区治理等水利工程。省级主抓

100个重大传统基础设施示范项目。

城市更新和乡村振兴协同，加强民生补短板投资。尽力而为、量力而行，统筹抓好社会民生项目。城市更新领域，2022年新开工涉及21.9万户、1946万平方米的1779个老旧小区改造。棚户区改造新开工1.4万套。加快城市和开发区水电路气暖等地下管网建设改造，完善入社区、入小区、入园区支管网体系。以人员密集场所为重点，建设一批城市停车场。持续抓好教育、医疗卫生、市政路网等项目。省级主抓100个城市更新示范项目。乡村振兴领域，新开工建设高标准农田280万亩。持续推进省级三大战略、五大平台、农产品精深加工十大产业集群项目建设。开展乡村建设行动，抓好农村厕所革命、污水垃圾治理、清洁取暖、"四好农村路"建设，推动基础设施和公共服务往村覆盖、往户延伸。省级主抓100个乡村振兴示范项目。

加强项目招引

积极开展长板招商、以商招商、主题招商、委托招商，以市场空间换项目，以龙头企业引项目，提高招商精准度、项目落地率。2021年招商引资开工项目超过2200个，到位资金1650亿元。

深入开展长板招商。充分发挥山西能源资源优势、原材料优势、开发区空间优势、国企比较优势、政策叠加优势和区位优势，抓住东部沿海地区产业梯次转移、台商投资向中西部转移扩展等机遇，大力实施长板招商。深入分析研究山西煤炭、钢铁等传统产业现状，狠抓补链延链强链，在产业链关键环节引进一批基础性、战略性、牵引性强的大项目、好项目，加快把山西能源资源优势、原材料优势转化为先进制造业优势和新兴产业发展优势。

围绕重点区域开展专题招商。面向京津冀，重点围绕京津冀协同发展和太忻一体化经济区建设，在北京举办央企助力山西高质量发展大会。面向长三角，重点围绕长三角区域一体化发展，借助进博会平台在上海举办山西（长三角）战略新兴产业招商引资推介对接会。面向珠三角，重点围绕战略性新兴制造业、未来产业等，在珠三角地区举办山西省（粤港澳大湾区）招商引资推介对接会。省内重点举办三场重大招商活动：在太原举办"山西太忻一体化经济区重点项目推介对接会"，在能源博览会期间举办"中国500强企业山西行"专题活动，在太原举办中国乡村振兴财经论坛暨政策性资金与系列高端项目落地山西对接会。

持续推进小分队精准招商。加强与各行业部门、驻外招商局及各市县之间的联动，共同组成小分队招商专班，打造专业团队，开展专项攻关。重点赴北京、上海、广东、深圳、杭州、南京、昆山等地区，结合山西产业链上下游情况，瞄准目标地区龙头、上市领军企业，着力引进一批产业链长、附加值高、带动性强的产业项目和专精尖配套项目。

开展重点展会品牌招商。融入京津冀，参加中国国际服务贸易交易会、中国国际健康产业博览会等重点展会；对接长三角，参加工博会、西博会、西洽会、世界人工智能大会等长江经济带重点展会；聚焦"一带一路"，参加丝博会、兰洽会、青洽会、投洽会等丝绸之路沿线国家级重点展会；携手大湾区，参加高交会、广交会等国家级重点展会，聚焦展会展览客商资源优势和品牌效应，通过发布招商信息、获取产业尖端技术信息、充分开展合作交流对接，吸引世界知名企业、高科技产业企业来晋投资。

积极开拓国际市场，加大外资项目招引力度。抢抓共建"一带一路"和RCEP正式生效的机遇，推动外资促进活动和项目招引有机衔接。抓住上海、苏州等长三角地区外资企业集聚优势，在当地举办专场对接活动；

区域新局 改革新举

加强与日本、韩国、德国及港澳等重点国家和地区的联系与合作。在第四届进博会上，汾酒与格鲁吉亚联合发布"中格联名酒"，并签订了青花汾酒原料基地雨林联盟国际认证和青花汾酒FSSC食品安全体系认证。

提升项目服务

完善项目一体推进体系，形成要素跟着项目走、服务跟着项目走的工作格局。

保障用地。坚持"土地计划指标跟着项目走"，增量指标配置与项目质量数量、消化"批而未供"土地、处置闲置土地相挂钩。探索省级预留新增建设用地指标，统筹支持重点工程建设。新建工业类项目优先"标准地"出让。符合条件的项目可以报批先行用地并在6个月内完善用地手续。

保障用能。严格能耗总量和强度双控制，根据国家

分解下达山西能耗总量控制目标，省级合理分解、市级负责安排，应保尽保省级重点工程用能指标。对区域能评范围内年综合能源消费量5000吨标准煤以下符合要求的项目，实行节能承诺备案管理。

保障污染物排放总量。 统筹项目污染物排放总量，保障重点工程所需新增主要污染物排放总量指标。实行污染物削减量预支管理。对符合条件的项目实行环评豁免。

保障资金。 切实拓展项目融资渠道。地方政府专项债券、中央预算内资金、产业投资基金等优先支持重点工程建设。探索建立重点工程贷款融资专项，适当安排贷款贴息。鼓励企业开展基础设施领域不动产投资信托基金(PE-Its)试点和PPP试点。通过发行企业债券等方式直接融资的项目，做好"一项一策一专班"服务。

第五章

改革奋进新篇章

——如何用好先行先试这个制胜法宝,释放高质量发展新红利?

区域新局　改革新举

蹄疾步稳以致远，勇毅笃行谱新篇。2021年，山西以一省之力，向16个省（区、市）供应电煤4356万吨，为缓解全国能源阶段性紧张作出了山西贡献。在这背后，山西国有企业在关键时期体现了责任和担当。山西扎实做好国有企业战略重组"后半篇文章"，推动国有企业在苦练内功、提质增效上不断取得新进步。"十八罗汉"和"四大金刚"，便是山西省属国企和金融国企的"主力军"。

习近平总书记强调，必须以更大的政治勇气和智慧，坚持摸着石头过河和加强顶层设计相结合，不失时机、蹄疾步稳深化重要领域和关键环节改革。

山西着力推动国家资源型经济转型综合配套改革试验区建设，坚持用好用足国家赋予的先行先试政策，敢于拿来、善于集成、敏于创设，持续深化国资国企提质增效、地方金融机构改革化险等重点改革，拿出更多有利于激发活力、增强动力的改革举措，加快释放改革红利，打造深化改革的"山西样本"。

第五章　改革奋进新篇章

一、深化国资国企改革

山西国有经济总量大、覆盖面广、贡献度高，是全方位推动高质量发展的重要支柱。

2021年 全省国有及国有控股企业主要经济指标均保持较好增长，经济效益创历史新高			
	营业总收入	16361亿元	同比 ↑ 13.16%
	营业总成本	15786亿元	同比 ↑ 9.06%
	利润总额盈利	661亿元	同比 ↑ 230.93%
	上交税费	1403亿元	同比 ↑ 46.74%
	资产总额	46424亿元	同比 ↑ 6.52%

山西坚持以深化改革为动力，以提质增效为目标，苦练内功、突破"两线"，不断提升核心竞争力，全省国资国企整体实力不断提升，各项主要指标全面改善，经济发展"稳定器""压舱石"的作用凸显，以国

国企改革向纵深推进，活力竞争力显著增强。太原重工轨道交通设备有限公司的技术人员正对即将发运到欧洲的轨道交通车轮进行最后查验。

区域新局　改革新举

 · 知识链接 ·

十八罗汉：即18户省属重点国企。
◎ 山西焦煤集团有限责任公司
◎ 晋能控股集团有限公司
◎ 华阳新材料科技集团有限责任公司
◎ 潞安化工集团有限公司
◎ 华新燃气集团有限公司
◎ 太原重型机械集团有限公司
◎ 山西国际能源集团有限公司
◎ 华远国际陆港集团有限公司
◎ 万家寨水务控股集团有限公司
◎ 山西省文化旅游投资控股集团有限公司
◎ 山西交通控股集团有限公司
◎ 山西航空产业集团有限公司
◎ 山西建设投资集团有限公司
◎ 山西杏花村汾酒集团有限责任公司
◎ 山西大地环境投资控股有限公司
◎ 山西云时代技术有限公司
◎ 华舰体育控股集团有限公司
◎ 神农科技集团有限公司

四大金刚：即4户省属金融国企。
◎ 山西金控集团
◎ 山西银行
◎ 晋商银行
◎ 山西省农信联社

企高质量发展支撑全省经济高质量发展。

苦练内功，做强做优做大国有资本

2021年以来，山西狠抓国企改革三年行动落地，按照"主强辅优、分灶吃饭、对标挖潜、突破'两线'、管控流程、数智支撑、业绩考核、奖罚分明"32个字的要求，努力推动18户省属企业成为山西经济的"十八罗汉"，4户省属金融企业成为地方金融的"四大金刚"，形成了凝聚合力抓改革、上下齐心促发展的良好局面。

国企改革发展成绩亮眼。2021年，通过深化改革、提质增效，全省国资国企特别是省属国企重组红利、改革红利、市场红利持续释放。山西省属企业实现

第五章 改革奋进新篇章

"十四五"良好开局,各项主要指标全面改善,创收创利情况实现快速反弹,盈利能力呈现历史较好水平,资源配置效能整体提升,在能源保供和支持战略性新兴产业发展方面勇挑重担。数据显示,截至2021年底,山西省属企业资产总额3.59万亿元,同比增长4.7%;营业收入1.47万亿元,同比增长4.2%;利润总额首次突破500亿元,达到512亿元,同比增长1.2倍。

华远陆港聚焦现代物流主业,大力发展网络货运等新业态。其旗下网络货运(山西)有限公司依托"陆港通""陆港运"两大平台,构建了"公铁联运+网络货运"双轮驱动模式,平台注册司机53万名、注册车辆47万辆,组建仅仅一年即实现收入42亿元、利润1858万元,净资产收益率20.62%、资本收益率23.95%、资本保值增值率171.81%,均高于行业优秀值,超过"发展线"水平。

聚焦"六新"突破不断发力。在做优做强能源等传统产业之外,山西国有企业也在聚焦"六新"突破不断发力。持续推动创新全覆盖,在省属企业中建成了27个国家级各类创新平台、176个省级主要创新平台和24个先进产业技术研究院,建立了18个省级重点实验室,实现省属企业全覆盖。

区域新局 改革新举

　　华阳新材料科技集团有限责任公司着力构建创新引领的集科研、产业、资本于一体的新材料协同创新生态系统，推动山西新材料产业向高端化、智能化、规模化发展，力争发展为全国新材料"火箭军"；华远陆港肩负着加快山西铁路投资建设、引领物流业高质量发展、打造对外开放新窗口"三大使命"，2022年将围绕与物流相关的产业链供应链，供给新产品、创造新需求，主动引领全省物流进入高端环、关键环；大地控股创新"土地整治+"模式，在传统土地整治工程的基础上，

华阳新材料科技集团有限责任公司一矿调度指挥中心，机电工区综采组工人坐进"太空舱"式综采智能化控制系统。

融入生态修复、现代农业、惠民设施等要素，加出了生态之美，加出了产业之盛，加出了市场美誉。

能源国企破浪前行。山西焦煤以打造具有全球竞争力的世界一流炼焦煤和焦化企业为目标，聚焦煤炭主业、焦化、现代物流、民爆辅业和金融支撑性业务五大产业板块，目前煤炭产能约2亿吨；晋能控股以建设在全国乃至全球具有举足轻重地位的高科技、高效率、智能化、现代化、环境友好型现代能源企业为目标，聚焦绿色煤炭、清洁电力、高端装备制造三大主业，资产总额达到万亿元以上，煤炭产能约4亿吨，电力装机容量3800多万千瓦，目前为国内第二、全球第三大煤炭企业。

深化改革提质增效，推动国企高质量发展

国有企业深化改革提质增效，是事关山西经济高质量发展的一项基础性、战略性、全局性重大工作安排。省领导分赴18户省属国有企业，就国资国企改革重大问题深入调研，高规格组织召开全省国有企业深化改革提质增效推进会。山西国企改革不断向纵深推进，国有企业的活力、动力和竞争力显著增强，发展质效全面提升，国企改革红利逐步释放，高质量发展

迈出矫健步伐。

中国特色现代企业制度更加成熟，法人治理结构更趋完备。 山西是全国公司制改革任务最重的省份，占到全国任务总量的五分之一。山西明确了专人督办组，制定了改革文书模板，编制了政策条例书册，建立了"四项制度"，开辟了"绿色通道"，建立试点企业，以"一个点、一条线、一个体"为基调，逐步延伸实现全覆盖。全面落实董事会职权走在全国首列，任期制和契约化管理取得新突破，公司制改革全面完成。100%的省属企业集团和99.80%的各级子企业实现了董事会应建尽建；96.77%的重要子企业落实了董事会各项职权；100%的省属企业集团和85.86%的各级子企业董事会实现了外部董事占多数。

混合所有制改革稳步推进，市场化经营机制更加健全。 全省累计20多家企业实现上市，涉及煤炭、电力、化工、天然气、制药等多个领域。积极落实任期制和契约化管理，推行市场化选人用人。100%的省属企业集团建立了对各级子企业经理层成员任期制和契约化管理的制度，95.97%的各级子企业按制度规定签订了有关合同和契约，进一步推动管理人员"能上能下"成为企业常态。积极实施市场化薪酬分配和中长期激励。截至2022年3月底，97.81%的省属企业及各级子企业实行了全员绩效考核；累计实施上市公司股权激励393人次，科技型企业股权或分红激励989人次，员工持股激励6066人次，实现了业绩考核与激励水平"双对标"、激励与约束相统一。

以管资本为主的国资监管体制加速形成，监管服务效率稳步提升。全面开展立改废释工作，2021年至2022年累计废止46项规范性文件。动态调整优化权力和责任清单，职责边界更加明确。省级经营性国有资产统一监管比例达99.57%，国资监管大格局加快构建。

党建引领，全面加强党的领导

坚持党的领导、加强党的建设，是国有企业的"根"和"魂"。2021年以来，山西国有企业党的领导全面加强，党建引领作用充分发挥。

抓好"关键少数"。省属企业全部建立了"第一议题"制度、跟进督办制度、践行"不忘初心、牢记使命"长效机制，深入开展全国国有企业党的建设工作会议精神落实情况"回头看"，为企业高质量发展提供了坚强的政治保障。

推动党建工作与生产经营深度融合。省国资委建立了省属企业党建工作调度机制，完善了党务工作部门与生产经营部门联动机制，制定了省属企业党建工作责任制考核指标，确保党建工作与生产经营同谋划、同部署、同考核。

全面从严治党持续深化。 落实全省国有企业领导干部警示教育大会精神，省属企业全部召开"全面建设清廉企业"专题民主生活会；持续加大腐败案件查处力度，一体推进"三不"体制机制建设，有力推动了全面从严治党向纵深发展。

山西国际能源集团运用"互联网＋党建"模式，建设了"智慧党建"平台，并与该集团的OA办公系统和ERP管理系统实现融合。点开"智慧党建"平台上的"书记驾驶舱"，可以清晰直观地看到企业各级党组织的数量、党员分布情况，以及各项党建工作开展情况。党员通过平台，配合使用视频会议系统和无纸化办公系统，无论身处何地都能及时联系到组织，参加活动不受地域和时间限制，延伸了基层党组织建设与开展工作的触角。还设计了"电子化督查督办平台"，及时下发党委会、董事会任务以及年度重点任务，做到及时反馈、全程留痕、常态监督、闭环管理，实现了重点任务的全生命周期管理。

二、深化财税金融改革

2021年山西统筹有效市场和有为政府协同发力,精准落实国家更大规模减税降费政策,财政支出重点和结构持续优化,财税金融领域改革蹄疾步稳,为山西全方位推动高质量发展提供有力的资金和金融支撑。

 ·特别关注·

省属各大金融企业全方位助力实体发展

晋商银行制定《晋商银行支持山西能源革命、转型发展实施方案》,支持综改示范区建设、能源革命、重大项目、基础产业、国资国企改革、"六新"突破等领域,各项贷款余额较2020年同期增加206亿元,累计为山西文旅、晋能、华阳新材料等重点国企完成债券承销60.5亿元;为受疫情影响严重的小微企业办理展期、续贷和延期还本付息,采取降低贷款利率、返还超出成本利息等措施,为446户中小企业减费让利,返还率达到100%,服务"三农"和小微企业成效明显。

山西证券发挥资本运作优势,积极参与南风化工与北方铜业资产重组,太原重工、国新能源、华控赛格定向增发等重大项目。

太行基金公司通过政府投资基金重点支持综改示范区配套设施、半导体产业等转型综改相关项目,有力支持山西重点产业和薄弱领域发展。

山西产权构建供应链金融服务平台,全年为山西大型国有企业降负债、降应收47亿元。

山西再担保集团下调担保费率并阶段性取消再担保收费,全年支持"三农"和小微企业44802户,担保金额84.4亿元,较上年增长31.7%。

山西农担全年累计为4074户农业经营主体减免担保费用663万元,切实降低农户疫情期间融资成本。

山西省创业扶持小额贷款公司以低于同行业的利率水平发放信贷,切实减轻创业者负担,全年扶持创业主体247户,新增贷款9643万元。

区域新局 改革新举

财税改革厚植"稳"态，夯实求"进"

顶住压力、综合施策，厚植财政运行"稳"的基础。山西财政聚焦战略方向优化财政政策，聚焦战略任务安排财政资金，实实在在提升财政基础管理水平、增强改革创新质效，全过程科学分析收支形势，找准抓收入、促支出的方法路径。省级财政做实做细争取中央财政支持工作，会同相关市和部门多方发力，建立大事要事保障清单和大项目保障财政专题协调机制，取得明显成效。始终抓好增收节支，坚决落实减税降费各项政策，加大矿业权出让收益征缴力度，确保扫黑除恶罚没收入应缴尽缴，争取实现更多国有产权转让收入，持续提升收入质量，实现收入量增质优和经济协调增长。不折不扣落实过紧日子要求，更加注重结构调整，持续加大财政资金统筹力度，进一步压减非重点、非刚性的一般性支出，收拢拳头凝聚力量，增加资金有效供给。2021年，全省一般公共预算收入约2834.6亿元，比上年增长23.4%，增速居31省份前列。2022年上半年，全省一般公共预算收入1822.9亿元，增长28.6%，增速排全国第2位。

优化结构、突出重点，夯实高质量发展"进"的态势。山西严格落实国家和省制度性、结构性减税政策，建立实施收费目录清单和涉企非税收入负面清单制度。2021年，全省税收收入完成2094.7亿元，增长28.8%；非税收入完成739.9亿元，增长10.3%。精准落实国家更大规模减税降费政策，新增减税降费超150亿元。大力支持培优创新生态，创新财政科技经费管理方式，推动实施产业基础再造工程，支持传统产业主体装备大型化、智能化、高端化，加大技术改造力度。大力争取和使用好中央预算内投资，加快地方政府债券发行使用，全力推动重点工程项目建设。全力支持实施市场主体倍增工程，深入研究市场主体需求，针对性出台财政支持措施，推动市场主体规模和效益倍增。研究出台太忻一体化经济区财政支持意见，完善多元化投入机制，健全横向和纵向财政体制。加大财政政策资金投入力度，助推新兴产业和数字经济发展，充分发挥技改资金和促进数字经济发展专项资金的引领和撬动作用，全面实施八大技术改造专项，加快推进数字产业发展。集中财力推进创新平台建设，支持实施"111"创新工程等，2021年全省科学技术支出完成83.6亿元，增长26.9%。

增强民生、办好实事，守住基本民生"保"的底线。山西保持财政支持政策和资金规模总体稳定，以更

区域新局　改革新举

实的举措保障改善民生，坚决兜牢基本民生底线。认真落实阶段性降低失业保险费政策和就业支持政策；统筹资金进一步加大对各市清洁取暖支持力度；下达资金支持巩固拓展脱贫攻坚成果同乡村振兴有效衔接，分级公开惠民惠农财政补贴资金"一卡通"政策清单；全力保障常态化疫情防控；全力支持灾后恢复重建工作，落实好各项救助政策，从严加强财政防汛救灾资金监管；设立"双一流"建设引导资金，推动省内高校加快"双一流"大学创建步伐，加快推进医疗卫生体制改革，足额落实各项提标政策；扎实做好教育、医疗、养老、社保等民生工作，解决好人民群众最关心最直接最现实的利益问题。2021年，提高机关事业单位和企业职工基本养老保险、城乡居民最低生活保障、乡镇工作人员补贴等标准，支出完成886.1亿元，增长9.5%；疫情防控累计投入28亿元；防汛救灾和灾后重建累计投入36.5亿元；城镇老旧小区改造和棚户区改造支出完成140.7亿元，增长17.2%；教育支出完成775.9亿元，增长5.7%。

对标一流、取长补短，加快财政体制机制"改"的步伐。出台《关于进一步深化预算管理制度改革的实施意见》，出台应急救援、公共文化、自然资源、生态环境等4个领域省级与市县财政事权和支出责任划分改革实施方案。完成山西契税、城市维护建设税地方立法工作，扎实推进预算管理一体化建设，持续加强财会监督，深入推进政府采购制度重构性改革，实现政府采购业务"全程在线、一网通办"。

提高站位、扛起责任，取得财政金融风险"防"的进展。统筹做好政府债券促发展和防风险两方面工作，积极用好政府债券资金，成功发行全省首批柜台债。加快建设全省融资担保体系，全力推进政府性融资担保机构市县一体化改革，风险补偿标准与担保规模挂钩、进位入档政策已正式发布，"国家融担基金—省级政府性再担保机构—各类融资担保机构"三级担保体系与银行"总对总"合作不断加强，银担二八比例风险分担正在全面落地。积极主动发挥融资担保稳经济作用，在担保费率统一降至1%以下的基础上，对符合条件的交通运输、餐饮、住宿、旅游行业中小微企业、个体工商户融资担保费率下降至0.5%，助力企业摆脱融资困境。

筑牢金融"防火墙"，拓宽融资"高速路"

金融活、经济活，金融稳、经济稳。要坚持稳字当头，在协同推进改革化险和提质增效上下功夫，实现金融稳、保障经济稳。山西深入学习贯彻习近平总书记关于金融工作重要论述和考察调研山西重要指示精神，统筹金融发展和安全，落实金融支持稳经济工作措施，提升金融服务实体经济质效，持续创优地方金融生态，坚决守住不发生系统性区域性金融风险底线，为全方位推动高质量发展提供有力金融支撑。

始终加强党对金融工作的领导，坚定不移贯彻落实党中央决策部署，把党的领导融入公司治理各环节，确保地方金融高质量发展。山西认真落实中央财经委员会第十次会议决策部署及省委、省政府工作安排，清醒认识形势，持续推动金融业提质增效，为全方位推动高质量发展提供有力金融支撑。

围绕全方位推动高质量发展目标要求，聚焦产业转型两个方面、市场主体倍增、开发区建设、乡村振兴等重点任务，统筹短期纾困和远期增强经济发展后劲，落实金融支持稳经济工作措施，完善政银企常态化对接机制，促进重大战略部署加快落地见效。山西聚焦转型发展，加大对战略性新兴产业、未来产业融资支持，完善金融支持科技创新体系，支持传统产业改造升级，强化现代服务业、文旅康养融合、农业"特""优"发展等金融服务；聚焦区域发展新布局，加大重点基建、5G、城市更新、县域经济、乡村振兴等领域支持力度；聚焦市场主体倍增目标，加大对中小微企业、个体工商户的金融支持力度，优化创新创业金融服务。

树牢底线思维，扣紧压实各方责任，不断强化金融监管，全面梳理排查风险隐患，扎实抓好不良资产清收处置，坚决守牢不发生系统性区域性金融风险底线。山西深化金融机构改革，健全现代金融企业制度。完善法人治理结构，健全科学决策机制和全面风险管理体系，加强外部市场约束，一步一个台阶，不断提高经营管理水平和抗风险能力，持续增强综合竞争力。

把企业文化建设作为高质量发展的内在支撑，充分汲取晋商优秀传统文化精髓，着力塑造具有自身特色的企业文化，推动管理运营新模式新机制内化为价值追求和自觉行动，切实把目标要求和工作矩阵落下去，进一步提升科学化管理水平，确保企业永葆旺盛生命力。

强化全面从严治党严的氛围，加强对"一把手"和领导班子的监督，一体推进惩治金融腐败和防控金融风险，切实提高地方金融治理体系和治理能力现代化水平。金融系统干部为党为国理财，既要学金融、懂金融、用金融，也要知敬畏、存戒惧、守底线，坚决做到恪尽职守、廉洁从业。

三、深化体制机制改革

山西省第十二次党代会提出,要开展市县转型综改牵引性集成改革试点,深化党政机构和事业单位改革,深入推进产业工人队伍建设改革,稳妥推进地质勘查、农技农经农机"三支队伍"、公路系统、省直机关后勤机构等领域改革,实现"物理变化"向"化学反应"转变。

开展市县转型综改牵引性集成改革试点

开展市县转型综改牵引性集成改革试点工作意义重大,要用好用足国家赋予的先行先试政策,敢于"拿来"、善于集成、敏于创设,打造深化改革的"山西样本"。山西深入开展市县转型综改牵引性集成改革试点,明确年度任务、需要市级赋权和需要省级支持事项"三张清单",确保高起点谋划、高标准起步、高质量推进。注重从生动鲜活的基层实践中总结经验,及时上升为制度性要求。要加强对试点工作的指导督导,统筹好有关政策支持、项目布点,进一步形成改革合力。公布《山西省市县转型综改牵引性集成改革试点单位》,确定了8项重点任务25家试点单位,试点期为3年,通过试点示范引领,突出制度集成创新,总结推广经验做法,推动县城高质量发展高效能治理,打造深化改革的"山西样本"。

推进农技农经农机"三支队伍"改革

加强农技农经农机"三支队伍"建设,是全面推进乡村振兴、加快农业农村现代化的必然要求。山西立足"农"字做文章,推动农技农经农机"三支队伍"建设风生水起。山西根据农村改革不断深化、乡村产业融合发展、农业组织形式和生产方式发生的深刻变化,进

晋中国家农业高新技术产业示范区内的山西巨鑫现代农业示范园,推动农业科技创新,全钢架日光温室和拱棚全部实现滴灌、水肥一体化和物理杀虫等技术应用。

一步加强顶层设计，明晰职能事权，深入推进"三支队伍"改革，不断强化必要的政府公益服务属性，着力培育壮大市场化社会服务主体。

晋中国家农业高新技术产业示范区不断推进科技创新、产业集聚、校企合作，不仅培育了一批高新技术龙头企业，还从全国高校和科研单位柔性引进了多名院士、博士和一批高端科研团队。与此同时，农高区内的禾润农业科技有限公司等企业，纷纷与中国农业大学、西北农林科技大学、东北农业大学、东北林业大学携手，让科技为农业插上了腾飞的翅膀。这仅仅是加强农技农经农机"三支队伍"建设的一个缩影。

深化科技体制改革

2021年，山西发挥科技创新的战略支撑作用，针对性布局实施了一批变革性、牵引性、标志性举措，以科技体制重塑性改革打造一流创新生态，为转型发展释放出源源不断的新动能。

科技体制改革亮点纷呈，不拘一格用人才。山西深化省校合作12大基地建设，通过"揭榜挂帅"分3批成功立项了40个重大科技项目，研发总投资9亿元，预计能够新增产值约64亿元，有望突破一批"卡脖子"技术。2021年，山西公布29个科技重大专项计划"揭榜挂帅"项目。2022年初，在14个重点产业和未来产业上，27个一流课题成功揭榜。在基础研究计划中，青年基金项目占到总立项数的58.7%，新设立杰青、优青培育项目资助金额实现翻倍。

协同政产学研，打通科技成果转化"最后一公里"。2021年，山西以"111"创新工程为牵引，协同推进"1331""136"创新工程，聚焦量子光学与光量子器件、杂粮种质创新与分子育种、煤炭绿色低碳清洁利用三个特色方向集中发力，科技创新亮点频频。启动重点项目建设，国家超算中心(太原)成功获批。国家重

山西瑞光热电有限责任公司二氧化碳捕集及综合利用项目，采用变温变压物理吸附法碳捕集工艺，生产的二氧化碳广泛应用于工业、农业、食品业等领域。

区域新局　改革新举

点实验室"保5争5"的目标取得重大进展。10个山西省实验室和37个山西省重点实验室、首批7家新型研究机构相继挂牌。推动一流人才团队在山西建设高校科研平台延伸基地110个,实施成果转化项目146项。设立国家区域创新联合发展基金,2021年引进国内31所高校、7所科研机构、3家大型国有企业的高端人才团队开展研究,资金总额达到1.1亿元。

　　为企业服务,为人才服务,科技创新迸发强劲活力。山西出台《关于"十四五"期间享受支持科技创新进口税收政策的研发机构名单核定的实施办法》,将

地市科研院所和事业单位性质社会研发机构纳入政策享受范围，大力支持各级、各类科研单位开展科技创新活动。聚焦产业转型，强化企业创新主体地位，推进关键核心技术攻关"揭榜挂帅"，集聚19名高层次人才挂帅出征。加快以人为核心的"放管服"改革，充分赋予科技人才经费使用自主权、职务科技成果所有权和长期使用权。在全国率先深化科技奖励制度改革，奖励总额度由500万元增加至近6000万元。在大力建设创新平台的同时，为高层次科技领军人才开展研究、聚力攻关创设空间。

第六章

打造投资新沃土

——如何全面创优营商环境，激发高质量发展新活力？

区域新局　改革新举

胜日寻芳泗水滨，无边光景一时新。一部手机"三晋通"App项目审批和便民服务事项，实现横向到边、纵向到村；推进投资项目审批制度改革，压缩企业开办时间；深化商事制度改革，破除市场准入壁垒；落实减税降费政策，增强企业动力；优化金融环境，解决企业融资困难……山西持续深化"放管服"改革，全力打造"三无""三可"营商环境，成为全国营商环境整体提升最快的省份之一。

全方位推动高质量发展，营商环境是第一保障。习近平总书记2017年、2020年两次在山西视察时均对营商环境建设作出重要指示，强调以营造良好营商环境推动经济转型发展，指出持续在营商环境等重点改革领域攻坚克难。

山西坚持市场化、法治化、国际化，把握"三无""三可"要求，把有效市场和有为政府更好结合起来，深化"放管服"改革，打造公平公正的法治环境、高效便捷的政务环境、诚实守信的信用环境、开放开明的人文环境、优质完善的要素保障环境。

第六章 打造投资新沃土

一、把握"三无""三可"要求,打造营商环境品牌

营商环境是企业生存发展的土壤,是激发市场活力、稳定社会预期的重要基础,是建设现代化经济体系、促进高质量发展的重要支撑。好的营商环境就是生产力和竞争力。对于山西而言,优化营商环境为全省更大范围、更广领域激发市场活力和社会创造力,更高水平推动构建现代化经济体系,更高层次参与全国乃至全球经济分工的开放型经济发展提供了支撑,是服务保障"十四五"转型发展,全面做好"六稳"工作,落实"六保"任务,推动"六新"突破,努力实现高质量转型发展的根本保障。山西按照市场化、法治化、国际化要求,创新"五有套餐"配套办法,打造"三无""三可"营商环境,更大激发市场活力和社会创造力。

· 知识链接 ·

五有套餐:让在山西投资兴业者,办事情有"靠制度不靠关系"的社会氛围,搞项目有"承诺制+标准地+全代办"的优质服务,做前期有"一枚印章管审批"的便捷服务,跑手续有"7×24小时不打烊"的政务服务超市,对未来有"新官理旧账"的稳定预期。

"三无""三可"营商环境:打造无差别、无障碍、无后顾之忧,可预期、可信赖、可发展的营商环境。

区域新局 改革新举

打造营商环境品牌的发展基础

近年来,山西以数字政府建设为牵引,持续深化"放管服"改革,加快推进政府职能转变,着力夯实营商环境发展基础。

推动市场化营商环境建设实现新突破。大力推进简政放权,省级累计取消下放调整行政职权事项1276项,全省范围内基本实现企业登记、公章刻制、申领发票和税控设备3天(工作日,下同)办结,11个设区市基本实现压缩至1天内办结。

推动法治化营商环境建设迈出新步伐。以地方立法形式出台《山西省优化营商环境条例》,出台经济类创制性地方性法规《山西省企业投资项目承诺制规定》,全国首创出台《山西省一枚印章管审批条例》等一批地方性法规。

推动国际化营商环境建设取得新进展。在全国率先建成了覆盖省市县三级的工程建设项目审批管理系统,全流程审批时限由240天压缩至60天,其中一般性工业项目最快26天办结,达到国内先进水平。

便利化营商环境建设获得新成效。编制出台全省煤成气开采项目审批流程"一张图",审批时限由原来的

360余天压缩至73天。开发上线了"三晋通"App，累计上线政务服务事项1464项，为企业群众提供"7×24小时不打烊"政务服务。

打造营商环境品牌的顶层规划

优化营商环境，是一项跨部门、跨区域、跨层级的系统工程，必须拧成一股绳、劲往一处使。2021年出台《山西省"十四五"营商环境建设规划》，作为山西首个营商环境建设五年规划，对标世行评价最佳实践和国内一流水平，在全国比较超前。

坚定信心，确立"三步走"目标。分析了山西营商环境发展基础、发展形势、面临的机遇和挑战。确立了指导思想、基本原则，以及2021年、2023年、2025年"三步走"的阶段性建设目标。

对标一流，提出36项重大举措。《规划》聚焦市场主体突破发展、聚焦全程网办重塑流程、聚焦服务一流创新生态、聚焦重点领域攻坚突破、聚焦企业全生命周期、聚焦政务服务全面提质等方面提出一系列重大改革举措。

完善保障，构建六大制度体系。着力构建以承诺制为引领的审批制度体系、信用为基础的新型监管制度体系、标准化为基础的政务服务制度体系、信息化为基础的共享共用制度体系、法治化为基础的政策保障制度体系、快速响应为基础的政企沟通制度体系等六大制度体系,为建设一流营商环境提供制度支撑。明确了加强组织领导、加大财政支持、强化督导调研、开展评价考核等具体举措,确保《规划》各项任务落地落实。

打造营商环境品牌的基本目标

要全面对接国际投资贸易通行规则和国内最佳实践,健全完善与国际高标准投资和贸易规则相适应的制度规则,推进政府职能深刻转变,更好发挥市场在资源配置中的决定性作用,深化"放管服"改革,减少行政干预,加强智慧监管,创优政府服务,提升数治效能。

到2023年,省级行政审批事项压减30%以上,"互联网＋监管"应用率超过80%,区块链等新一代信息技术在政务领域广泛应用,数字治理能力显著增强,知识产权创造保护运用和服务体系更加科学规范,基本公共服务体系更加完善,人才机制活力和投资吸引力大幅提升,年均新培育规上工业企业1000户,以企业为中心的全生命周期服务水平显著提高,城市品质持续提档升级,力争1—2个城市成为国家营商环境创新试点,3—5

项营商环境重点指标进入全国前列，更多指标进入全国第一方阵。

到2025年，市场化、法治化、国际化、便利化营商环境基本形成，省级行政审批事项压减50%以上，全省市场主体数量年均新增不低于10%，规上工业企业超过1万户，"互联网＋监管"主要行业应用实现全覆盖，省市县乡村五级政务服务标准化体系全面建成，内陆地区营商环境高地、要素市场洼地基本形成，营商环境整体迈入全国第一方阵，行政审批服务效率在全国居前，一批重点指标达到国内先进、国际一流水平。

二、贯穿"六个聚焦"，提升营商环境效能

山西以深化"放管服"改革为主线，以全面推进企业投资项目承诺制改革为牵引，大力推动政务服务供给侧结构性改革，破障碍、去烦苛、筑坦途，营商环境持续改善，为高质量发展提供软环境保障。

聚焦市场主体发展

聚焦"六新"突破，围绕山西战略性新兴产业集群和能源革命重点领域，瞄准"十四五"末全省规上

区域新局 改革新举

· 延伸阅读 ·

便利跨境贸易工程

紧抓"一带一路"、《区域全面经济伙伴关系协定》(RCEP)带来的新机遇,加强国际经贸交流,深化京津晋冀一体化合作,提升跨境贸易自由化、便利化水平。加紧布局建设"岸、港、网",拓展提升山西转型综改示范区开放平台功能。加快太原、大同等跨境电子商务综合试验区建设,支持华远国际陆港集团等企业发展,提升中欧(亚)班列运行质量效益,构筑更高能级开放载体。深化口岸通关"提前申报"机制,扩大概要申报和完整申报"两步申报"应用成效,最大限度加快进、出口货物口岸流转速度。实现与口岸单位系统互联互通和大数据共享应用。

工业企业突破1万户的目标,有效激发市场主体活力和创造力,全力营造有利于创新活力充分涌流、有利于创业潜力有效激发、有利于创造动力竞相迸发的一流营商环境。不断加大简政放权力度,努力推动市场主体"一照走山西",积极推进"办事不出区"改革,持续提升开发区营商环境"含金量""含新量"。努力抓住国家在中西部增设自由贸易试验区的契机,不断加快山西自贸区申报及建设,积极推进跨境贸易便利化工作。推动"非禁即入"全面落实。

聚焦全程网办重塑流程

"税务的同志们解释得好,老王我现在听了个分晓,个人出钱国家补,补贴还能年年调,数据比对替人跑,省时省力非常好,以后养老有依靠……"沁源灵空山小广场一曲秧歌小剧《老王夸社保》赢得了百姓阵阵喝彩。这个小剧由国家税务总局沁源县税务局和沁源县晋剧团联合编排演出，重在对城乡居民养老保险政策实现全程网办进行的一次宣传。"老王"夸的社保正是聚焦全程网办重塑流程的真实体现。山西129万纳税人94%以上的业务，实现线上办理；跨省缴税业务实现"一键扣款""一秒入库"和"全流程对账"，17112户纳税人跨省线上报验，缴纳税费12.9亿元。

山西着力升级全省政务服务总门户，以为企业和群众办好"一件事"为标准，依托全省一体化平台，重塑再造审批服务流程，加快推动实现全省政务服务事项办理"一次不用跑"，让政务服务"全程网办"成为山西

省城市民在省政务服务中心办理业务。

区域新局 改革新举

 · 特 别 关 注 ·

山西五项亮点工作获国务院督查激励

2022年6月9日,国务院办公厅发布通报,经国务院同意,对2021年落实重大政策措施真抓实干成效明显地方予以督查激励。山西5项工作榜上有名。

运城市在深化"放管服"改革优化营商环境工作中,推进企业登记注册便利化、深化"双随机、一公开"监管和信用监管、落实公平竞争审查制度等深化商事制度改革成效明显,受到督查激励。2022年,运城市将被优先选择为企业登记注册便利化改革、企业年度报告制度改革、企业信用监管、智慧监管、重点领域监管、公平竞争审查等试点地区,优先授予外商投资企业登记注册权限,优先支持创建网络市场监管与服务示范区,优先支持建设公益广告创新研究基地。

忻州市易地扶贫搬迁后续扶持工作成效明显,受到督查激励。2022年对忻州市将进一步加大后续扶持政策支持力度,在安排以工代赈资金时予以倾斜支持。

长治市老工业基地调整改造力度大,支持传统产业改造、推进产业转型升级等工作成效突出,受到督查激励。2022年,对长治市优先支持在老工业基地振兴有关重大改革和重大政策方面先行先试,优先支持建设国家创新型产业集群和新型工业化产业示范基地,在安排产业转型升级示范区和重点园区建设中央预算内投资时各激励2500万元。

长治市环境治理工程项目推进快,重点区域大气、重点流域水环境质量改善明显,受到督查激励。2022年,在安排中央财政大气、水污染防治资金时,对长治市予以适当激励。

长治市屯留区高度重视重大决策部署督查落实工作,在创新优化督查落实方式方法、推动地区经济社会发展等方面成效明显,受到督查激励。2022年,在国务院办公厅组织开展的国务院大督查及专项督查中,对长治市屯留区予以"免督查"。

营商环境建设又一张靓丽的名片。

"办理建筑许可"进入全国一流方阵。山西以深化"放管服"改革为抓手,全力优化山西住建领域营商环境,在全国率先建成工程建设项目审批管理系统,率先全面上线审批,构建起全省统一的工程建设项目审批管理制度体系，推动实现"制度管事、系统管人"。通过改革，山西工程建设项目全流程审批时间由240个工作日压减至80个工作日左右，加快了项目落地开工、竣工投产。

聚焦服务一流创新生态

山西大力实施创新驱动、科教兴省、人才强省战略，聚焦科技创新全链条，持续提升人才及各类创新资源集聚能力、创新成果转移和转化能力，全力打造一流创新生态，形成新的核心竞争力，推动山西跻身国内大循环中高端、成为国际国内双循环关键环。

2022年5月，山西发布《2022年山西智创城发展行动计划》，将聚焦太忻一体化经济区高质量发展，举办2022年太忻一体化经济区—长三角经济区联动发展峰会，"智汇太忻·创业创新"双创大赛、"新格局·新发展·新机遇"暨建设太忻一体化经济区新发展与企业高质量发展论坛等活动，引导各界力量支持太忻一体化经济区创新发展，促进科技创新项目签约落地。

2022年6月审议通过《山西省营商环境创新提升行动方案》，对标国际国内一流水平，聚焦市场主体关切，坚持锻长、补短、强优、争先，着力提升政策惠企

和政务服务的效能效率，进一步激发市场活力和社会创造力。根据国家有关标准和试点工作要求，进一步优化营商环境评价体系，强化考核评估和跟踪督办，确保山西营商环境创新提升各项目标任务落到实处。

聚焦重点领域共建突破

营业执照1天到手，土地清表3天完成，7天建起了公司展厅。这是一家高新技术企业在山西的审批速度。山西以"承诺制+标准地+全代办"改革为重点，不断激发服务业市场主体活力；以深化"放管服"改革为契机，积极构建服务业发展生态，培育发展新动能；以重点领域关键环节重大改革为突破，积极推进制度集成创新，不断深化"一枚印章管审批"改革，努力扩大"一个系统管监管"应用，着力提升"一个平台管交易"成效，积极优化"一条热线管便民"功能，逐步将山西打造成创优营商环境新标杆。

聚焦企业全生命周期

山西聚焦企业开办前的市场准入和投资审批，以及企业生产、经营、注销或破产退出的全过程，实施服务企业全生命周期便利化改革，切实增强市场主体获得感。对标世界银行评价最佳实践和国内一流水平，提出开办企业"0.5天""零成本"、建筑许可效率和质量双提升、简化水电气热等市政设施接入、深化"互联网＋不动产"登记改革、提高企业获得信贷便利度、优化提升纳税服务便利度、推进阳光政府采购和招投标、推进劳动力市场透明监管、优化企业正常跨区迁移服务、提高办理破产便利度、推进中介服务市场化规范化等一批标志性、引领性改革，形成了全面创优营商环境的规范化"路线图"、标准化"任务书"、精细化"项目表"，为建设一流营商环境提供制度支撑，切实增强市场主体获得感。

聚焦政务服务全面提质

山西以企业和人民群众获得感和满意度为导向，全面推广应用政务服务"好差评"，着力解决政务服务过程中的难点、堵点、痛点，提升服务品质，打造优质政务服务名片。

为方便企业和群众办事，山西各级政务大厅活用"加减法"，纷纷亮出实招。不见面审批、全程网办、电子执照、一窗通办等越来越方便的政务服务方式赢得办事企业和群众的纷纷点赞。免费寄递、免费打印、一

杯热水等微小的服务,更让办事企业和群众感到暖心,逐步打造出一张具有山西特色优质政务服务名片。

提高"一网通办"全周期、全方位服务水平。山西充分利用大数据、人工智能等技术,整合多部门数据信息,依托一体化在线政务服务平台,建成标准统一、机制完善、流程优化、申报便捷的一体化投资项目审批系统,提升投资项目事项审批效率。试点重构审批业务流程,从涉企服务申报高频事项入手,逐步拓展"秒报""秒批"服务事项,探索无人工干预的智慧审批新模式,大力推行网上办、掌上办和自助办等"不见面审批"。已经开通了全省统一的企业开办"一网通办"平台,省、市两级企业开办所需时间已压减至1个工作日内。

提升政务大厅"一站式"服务能力。各地围绕企业与群众办事"多次跑""往返跑"的问题,推出如"我要开饭店""我要办游乐场"等更多事项"一件事一次办"集成服务和"跨省通办""全省通办"。对省、市重点投资项目实行"一对一"精准服务,升级重大投资项目审批全流程"全代办"服务。不断创新窗口服务模式,实施"一窗受理、一表填报、专人负责"的导办、帮办、代办服务举措。推进智能服务进大厅,全面提高

"政务服务一体机""三晋通"App普及率,在更大范围和领域建设"7×24小时不打烊"的政务服务超市。

完善政务服务"好差评"制度。山西建设线上全覆盖、线下全联通、数据全汇聚、结果全公开的政务服务"好差评"体系。围绕政务服

· 延伸阅读 ·

政务便民工程

积极推进政务服务向基层延伸,按照"应放尽放、能放则放"的原则,通过委托下放方式,充分赋权镇街。按照有场所、有人员、有制度、有网络、有设备、有经费、能办事的工作要求,加快推进全省基层社区便民服务站点建设,同时加快政务服务超市向社区延伸,切实把社区便民服务站打造成党和政府的民心工程。

务全流程办事环节,综合运用积分制管理,在各级政务大厅全面推行政务服务事项"一事一评"全覆盖,拓展"一事一回访"意见反馈渠道,规范"一事一监督"政务服务行为,强化"一事一考核"评议结果通报、整改、监督工作机制,倒逼各级各部门主动提供有温度、快速度、好态度的"好评"服务。

三、建设"六个制度体系",筑牢营商环境根基

营商环境好不好,群众和企业说了算。山西持续打造最优营商环境,抓好助企纾困政策落地落实,打

通项目建设"最后一公里"。坚持问题导向,把影响营商环境的人和事抓具体抓深入,进一步打通堵点痛点,充分发挥改革集聚效应,最大限度释放改革红利。着力构建"六大制度体系",全域推进、全面协同、全员参与,全力打造投资兴业的热土,全力培厚干事创业的沃土。

构建以承诺制为引领的审批制度体系

建立行政审批告知承诺制度。在除直接涉及国家安全、公共安全和人民群众生命健康、重大财产安全等以外的行业、领域,全面推行行政审批及其关联服务事项办理告知承诺制,申请人承诺符合办理条件的,即时办理。

完善行政审批容缺受理制度。对基本条件具备、主要申请材料齐全且符合法定形式,但申请材料欠缺或存在瑕疵、不影响实质性审核的行政审批事项,经过申请人书面承诺在审批部门作出办理结果前补齐补正所缺材料,窗口可先行受理,进入正常审批程序,并当场一

• 延伸阅读 •

行政审批告知承诺工程

行政机关在办理有关行政审批及关联服务事项时,以书面形式将法律法规规定的条件、标准和要求一次性告知当事人,申请人书面承诺符合相关条件、标准和要求并承担承诺不实的法律责任,行政机关直接予以办理。2022年选择1—2个市全市域推广,2023年全省域全面推开。

次性告知需要补齐或补正的材料、形式、时限和超期处理办法，在申请人补齐补正全部材料后，在承诺办结时限内及时出具办理结果意见，颁发相关批文、证照。

探索构建"凡有先例皆可为"制度。新开办企业在注册事项办理全过程中，凡在其他省份可以办理的，参照先例，依法依规协调办理。探索"首证通"审批新模式，市场主体开办时在市场监管、生态环境、城管等部门申请获得的首个审批许可（备案核定）可作为"首证"，以"首证"作为审批办理"后证"（审批许可、备案核定、书面承诺）的依据，将证前现场审查改为证后核查。全面推广行业综合许可，实施"一业一证"。

构建以信用为基础的新型监管制度体系

构建适应高质量发展要求的社会信用体系。健全覆盖全省的社会信用体系，加快推进信用立法进程。升级完善信用信息共享平台，加强信用信息归集、共享与公开，提升信息质效。健全信用分级分类监管制度，以公共信用综合评价结果、行业信用评价结果等为依据，对监管对象进行分级分类，根据信用等级高低采取差异化的监管措施。

完善"双随机、一公开"联合监管机制。加快推进市场监管领域部门"双随机、一公开"联合监管，合理设置监管计划时间，同一年度内对信用风险低、信用水平高的同一市场主体的抽查原则上不超过2次，切实减轻企业负担。

探索建立更具弹性的包容审慎监管制度。推行柔性执法，探索完善行政管理的容错机制，对"六新"实施"三张清单"制度，依法编制从轻处罚事项清单、减轻处罚事项清单和首次轻微违法免予处罚事项清单。

创新重点领域全链条监管机制。探索建立重点监管清单制度，明确重点监管事项、程序、方法等。加大对重点监管对象的检查力度和频次，对特殊重点领域实行全主体、全品种、全链条的严格监管，守住质量和安全底线。

健全政府守信践诺机制。建立健全"政府承诺＋社会监督＋失信问责"制度，持续开展政务失信专项治理。健全政府守信践诺机制。加强重点领域特别是招商引资、政府和社会资本合作等领域政务诚信建设，加强政府投资项目的监督检查，建立政务诚信评价机制，主动维护政府诚信。

第六章 打造投资新沃土

构建以标准化为基础的政务服务制度体系

推进政务服务标准化建设。围绕政务服务设施、服务事项、服务流程、服务规范、队伍建设、考核监督、内部管理等方面，实施标准统一、运行高效、上下联动、服务一体的省市县乡村五级全覆盖的政务服务，推动全省域同一层级间办事流程、申请材料、办理时限、办事标准、网办事项全面统一，做到一切工作有标准、一切标准有程序、一切程序有监督、一切监督有公开。

构建政务服务标准化体系。制定出台政务服务系列地方标准，构建与国家和行业标准体系协调一致、结构统一的政务服务标准体系。到2025年，全面建成覆盖省市县乡村五级的政务服务标准化体系，实现政务服务标准化覆盖率达到95%以上、标准化贯彻实施率达到90%以上的目标。

 •延伸阅读•

政务服务标准化建设工程

制定全省统一的政务服务标准化实施细则。编制并公布统一的政务服务事项目录及其办事指南，列明所需材料名称、材料类型、材料样本、电子表单、来源渠道、材料份数和规格、受理标准、是否需电子材料等信息。对政务服务事项咨询、预约、申请、受理、审查、决定、结果送达等全流程实施标准化管理，为企业群众提供系统性、整体性、协同性的规范服务。对各级政务服务大厅和在线政务服务平台实施统一标准化管理，让企业群众办事线上"只登一张网""全程网办""一次不用跑"，线下"只进一扇门""一窗通办""最多跑一次"。

打造政务服务标准化山西品牌。依托全省一体化平台，推动政务服务线上线下集成融合，推行同一事项无差别受理、同标准办理，从办事指南、服务流程、服务平台、评价监督等方面，提供线上线下统一、服务标准统一、服务品质统一、品牌形象统一的政务服务。到2025年，全省政务服务标准化建设达到国内先进水平。

构建以信息化为基础的共享共用制度体系

构建大数据驱动的政务新机制。以数字政府新基建为契机，5年时间内积极利用政府专项资金（债券）培育和支持数字政府大数据中心建设等一批重点项目，推动数字政府能力提升。构建大数据驱动的政务新机制、新平台、新渠道，开展公共服务大数据应用建设，重点完善全省一体化在线政务服务平台、"三晋通"App、

• 延伸阅读 •

智慧政务工程

实施数字政府新基建项目，推进数字政府基础设施融合提升，构建横向贯通、纵向联动的全省政务云"1+N"体系。实施电子政务外网网络提速"万万千"项目，推动5G移动网、物联网、视频专网与电子政务外网融合发展。推进六大基础信息库和一批主题信息库建设，运用区块链、智能认证等前沿技术，构建全省数字政府应用支撑体系、数据资源体系，逐步建立用数据说话、用数据决策、用数据管理、用数据创新、用数据服务的数字政府管理服务模式。瞄准转型发展、政府决策治理、民生服务等迫切需要，创新开发一批全省域整体智治、协同高效的数字政府特色应用。

第六章 打造投资新沃土

"互联网＋监管"系统，加快推进全省通办、跨省通办、全程网办、智慧审批，构建全省政务服务"一口受理、一网通办、一次不用跑"模式，大幅提高办事效率和服务水平，切实增强企业群众获得感。

健全政务数据实时互联共享机制。全面发挥数据共享交换平台"总枢纽"作用，构建全省政务数据共享"一盘棋"机制，进一步打通政务数据跨层级、跨部门、跨业务共享渠道，实现各级各部门政务数据资源的整合共享、实时交互、互联互通，支撑政务服务简环节、减材料、优流程、压时限，切实提升企业群众的数

山西省超级计算中心技术人员正在开展"天河二号"巡检任务，通过不断优化升级的"天河二号"，累计服务知名高校、科研院所及企事业单位1800余家。

字获得感。

完善创新智慧政务开发应用机制。以大数据为核心,通过信息化手段,开发上线一批政府建设创新智慧应用,实现智慧办公、智慧审批、智慧监管、智慧服务,提升政府治理能力,推动政府运转更加廉洁高效、政府决策制定更加精准科学、政府服务更加方便快捷,以智慧应用引领"放管服"改革向纵深推进,最大限度实现利企便民。

构建以法制化为基础的政策保障制度体系

加快推进配套立法。推进《山西省优化营商环境条例》配套立法,全面清理与深化"放管服"改革,优化与营商环境要求不相适应的地方性法规、政府规章及规范性文件,推动"应改尽改、应废尽废"。

强化市场公平竞争审查。把涉及市场准入、产业发展、招商引资、招标投标、政府采购、经营行为规范、资质标准等有关市场主体经济活动的规章、规范性文件、其他政策性文件以及"一事一议"形式的具体政策措施,全部纳入公平竞争审查范围,确保全面覆盖、应审尽审。

优化执行合同质效提升机制。持续推进诉讼电子

第六章 打造投资新沃土

 ·特别关注·

组建高端法律服务团，进一步优化太忻一体化经济区法治营商环境

围绕构建全省"一群两区三圈"城乡区域发展新布局，山西将组建高端法律服务团，为太忻一体化经济区建设提供全方位、系统化、专业化的高质量法律服务和高效能法治保障，进一步优化经济区法治营商环境。

作为专门为太忻一体化经济区发展打造的法律服务团队，法律服务团选拔太原、忻州两地优秀律师、公证、司法鉴定、仲裁和法律援助等相关法律服务机构，根据太忻一体化经济区规划建设的不同阶段、不同任务，通过接受委托、邀请或根据工作安排，针对不同需求，提供预约服务、项目服务、协作服务、驻点服务等多种方式的法律服务。

法律服务团组建完成后，将全面梳理太忻一体化经济区建设法律服务需求，提供法律咨询、法律意见、法律论证、诉讼代理、公证、仲裁、司法鉴定、法律援助以及涉外法务等法律服务；协助当地党委政府及有关部门，为建设中涉及的政府决策、制度设计、规划出台、重大工程项目筹划等方面提供法律咨询和法律意见，协助做好相关项目论证和风险评估；帮助解决在土地征迁、居民安置、项目投资、生态环境保护、基础设施建设、涉外等方面遇到的相关涉法事务；为企业等市场主体在劳动争议、知识产权、融资贷款、股东股权、风险防范、合同协议、诉讼代理和企业员工权益保障等方面提供法律服务；主动参与重大疑难矛盾纠纷化解和涉法涉诉信访等工作，积极协助应对相关舆情和处理突发事件等。

化，提升审判信息化、智能化水平。建立法院与不动产登记机构、银行等相关单位的信息共享机制，提高财产查控和强制执行工作效率。

健全完善市场主体保护制度。依法保护市场主体自主经营权、财产权、知识产权和其他合法权益，保障各类市场主体权利平等、机会平等、规则平等。

健全完善中小投资者保护机制。强化上市公司信息披露监管，监督上市公司真实、准确、完整、及时地披露对投资决策有重大影响的信息，提高上市公司透明度。

积极争取国家法律法规授权。 以巩固企业投资项目承诺制改革实践和经验为突破口，积极争取国家授权山西暂停或者调整实施一批法律法规。

构建以快速响应为基础的政企沟通制度体系

健全企业参与政策制定机制。 各级各部门编制和制定行业发展规划、行业发展和改革政策、行业标准和规范、市场准入、环境保护、安全生产、招标投标、政府采购等对企业切身利益或者权利义务有重大影响、影响企业生产经营的政策，应广泛听取企业家和有关方面的意见建议，精准掌握企业政策需求。对关系企业切身利益、专业性较强的涉企专项政策，应依托工商业联合会、企业联合会、行业协会商会等，兼顾不同所有制、不同类型、不同行业、不同规模的企业，科学合理选取企业家代表共同参与起草相关政策文件。

建立企业诉求直达立办机制。 依托全省12345政务服务热线，建设全省统一的市场主体服务平台，线上开辟"诉求反映窗口"，线下专设"诉求协调部"，统筹协调

第六章　打造投资新沃土

· 特别关注 ·

"一条热线"听诉求连民心

家门口的核酸采样点人有些多，我还能去哪里做？残疾人机动轮椅车上路是否需要牌照和驾照？想在太原市开设健康体检中心，多大面积才符合开设条件？电工操作证快到期了，太原市哪里可以年审？……回答这些细碎的问题，在山西有一条暖心的热线：12345。12345热线是一条政府服务群众的热线，是政府连接民心的桥梁，在建设服务型政府、提升社会治理能力、创优营商环境中发挥着重要作用。全省各地积极回应居民诉求，闻风而动、接诉即办，12345政务服务热线为城市管理带来新气象。

全省12345热线上线运行以来，省政务服务中心始终将尽快、尽心、尽力办理群众诉求作为热线工作的重中之重，创新开展的"督查+落实+满意"工作机制，推动企业群众诉求办结率、满意率实现"双提升"，切实将12345热线打造成了企业群众的"暖心线""贴心线"。2022年1月至5月，全省12345热线共受理企业群众诉求414.22万件，同比增长179.14%，办结率为96.3%，满意率为98.04%。

12345山西省政务服务便民热线、太原市政务服务便民热线业务大厅。

各级各部门及行业协会、公共服务机构为市场主体提供全方位服务，及时发布涉及市场主体的政策措施，提供政策咨询服务，倾听企业诉求反映，解决企业疑难问题。建立与12345政务服务热线"分口并线、兜底处理"机制，按照统一受理、按责转办、限时办结、统一督办的原则，做到1天电话联系、一般问题5天办结、疑难问题15天回复，实现企业诉求直达、政府马上就办。

构建"亲""清"新型政商关系。出台构建新型政商关系行为清单。培育"亲""清"政商文化，开展全民廉洁教育，重点加强对领导干部廉洁从政教育、公职人员廉洁从业教育、工商界人士廉洁从商教育，加强案例剖析警示教育，强化廉洁典型示范引导，形成"廉荣贪耻"社会氛围。

健全完善企业家荣誉制度。设立山西省"企业家日"，发布"山西省百强民营企业"榜单，表扬奖励贡献突出的企业和优秀企业家。对优秀企业家可授予荣誉市民、城市形象大使等荣誉称号。

后 记

习近平总书记指出，要不断推出群众喜闻乐见、贴近大众生活的形式多样的理论宣传作品，让理论为亿万人民所了解所接受，画出最大的思想同心圆。讲人民群众听得懂、听得进的话语，让党的创新理论"飞入寻常百姓家"。

凡贵通者，贵其能用之也。省委宣传部组织编撰《山西全方位推动高质量发展面对面》通俗理论读物系列丛书，是学习贯彻习近平总书记考察调研山西重要指示精神，推动党的创新理论普及化、大众化，帮助广大干部群众深入领会省委"全方位推动高质量发展"目标要求、准确把握我省"六个领域""三个体系"工作矩阵的重要举措。

丛书编撰工作得到省委书记林武同志的关心支持，并列入2022年全省宣传思想工作要点，作为宣传思想工作矩阵的重要内容。省委宣传部组织我省理论功底深、政策水平高、文字能力强的党政干部及专家学者，组成撰稿团队，全力以赴、倾情付出。各市委宣传部积极响应、认真落实。山西日报社、山西广播电视台等单位为丛书编写提供相关资料。山西人民出版社尽锐出战、集中攻关。各单位各部门密切配合、通力协作，展现了宣传思想文化战线在全方位推动高质量发展中的使命担当。

丛书于2021年12月开始策划，撰稿团队持续跟进学习最新政策、及时关注研究鲜活实践，提纲几经修改、书稿反复打磨，九易其稿、精益求精。其间，克服疫情影响，分头撰写和集体统稿相结合、视频会议和集中研讨相结合，保证撰稿任务按计划高质量推进。基本成稿后，还邀请省委统战部、省委政研室、省直工委、省生态环境厅、省委党校、省社科院、省社科联等单位领导干部和专家学者对丛书进行审读，提出修改意见。经过不懈努力、日夜奋战，6册书稿于2022年7月1日、党的101周年华诞基本定稿。其后，经进一步修改完善，得以顺利付梓。

我们对省委"全方位推动高质量发展"目标要求和工作矩阵的学习贯彻还在不断深化中，有些论述还未能在丛书中深入展开。全省广大干部群众全方位推动高质量发展的壮阔实践还在不断推进中，丛书选取的资料也还不够全面。这些不足之处，敬请广大读者批评指正。我们将在今后的通俗理论读物编写工作中继续探索，不断提高。

丛书编委会
2022年7月